北京歌谣熟语集释系列

北京歇后语谜语集释

BEIJING XIEHOUYU MIYU JISHI

董树人 编著

语文出版社
·北京·

图书在版编目（CIP）数据

北京歇后语谜语集释 / 董树人编著. -- 北京 : 语文出版社, 2019.2
ISBN 978-7-5187-0857-4

Ⅰ. ①北… Ⅱ. ①董… Ⅲ. ①汉语－歇后语－汇编－北京②谜语－汇编－北京 Ⅳ. ①H136.31②I277.8

中国版本图书馆CIP数据核字(2019)第027440号

责任编辑 谢　惠
装帧设计 刘姗姗
出　　版 语文出版社
地　　址 北京市东城区朝阳门内南小街51号　100010
电子信箱 ywcbsywp@163.com
排　　版 北京杰瑞腾达科技发展有限公司
印刷装订 北京市科星印刷有限责任公司
发　　行 语文出版社　新华书店经销
规　　格 890mm×1240mm
开　　本 A5
印　　张 6.5
字　　数 151千字
版　　次 2019年2月第1版
印　　次 2019年2月第1次印刷
印　　数 1-2,000
定　　价 36.00元

010-65253954（咨询）010-65251033（购书）010-65250075（印装质量）

《北京歌谣熟语集释》总序

我自幼儿生长在涿州。明清时期，涿州属宛平府（所谓卢沟二府）管辖。民国元年（1912），涿州划归河北省，与河北省的一些县份来往逐渐增多，语言上也越来越具河北方言的特点，但从语音、语调、语法及词汇形式上看，涿州方言仍属北京方言片的方言，定而不移。我的祖辈一直作为贩夫在北京周围谋生，活动于大兴、顺义、昌平及北京西郊地区。他们对北京话，特别是对北京西郊诸如八里庄、蓝靛厂、海淀镇、田村一带的生活习惯、风土人情、方言土话等特别熟悉，这也大大影响了我。1964 年，我从南开大学中文系汉语言文学专业语言专门化毕业，被分配到北京外国留学生高等预备学校（北京语言大学前身）工作，从事对外汉语教学与研究，直至年老退休。这期间，工作之余一直做着北京话的研究，特别是在北京方言词汇研究方面兴趣最浓、用力最勤，也取得了些微的成绩。2010 年《新编北京方言词典》由商务印书馆出版后，引起了国内外数十家媒体的关注，受到了广大读者的欢迎，使我受到了巨大鼓舞。我在编写《新编北京方言词典》时积累的资料的基础上再加搜集，编成了此套小书。编写此套小书的目的，与编写《新编北京方言词典》一样，依然是为了保存北京方言资料，为研究北京历史、北京文化的人士提供方便。

本套书共分四个小册子——《北京歌谣集释》《北京谚语集释》《北京惯用语集释》《北京歇后语谜语集释》，内容包括歌谣、谚语、惯用语、歇后语和谜语。为了便于称说，总书名取作《北京歌谣熟语集释》。本套书收录的内容有地域性。任何地域文化都是整个中华民族文化的一部分，任何汉语地域方言或地点方言也都是汉语大家庭中的一员，它们在历史的长河中必然互相影响和交融，北京方言也不例外。北京方言不但从其他方言传入了不少富有表现力的熟语成分，也从古籍中特别是启蒙读物《名贤集》中继承了许多富于人生智慧的谚语、格言。对于从其他地区传入或从古籍中继承来的，北京地区的民众又经常挂在嘴边儿上的熟语成分，像“不到黄河不死心”“人无远虑，必有近忧”“路遥知马力，日久见人心”“良言一句三冬暖，恶语伤人六月寒”等，也酌情收入。考虑到受地域文化、习俗及时代的限制，一些读者可能有阅读和理解上的困难，因此对一些词语（主要是方言词语）作了注释，对绝大多数条目作了简析，有的解释了意思，有的说明了用法，有的交代了产生与使用的环境背景。这部分内容，无论是对其他方言区的读者，还是对一些年轻朋友或是外国朋友，我想都会是有益的。

北京历史悠久，曾经五代为都，文化积淀丰厚。本套书如果能对研究北京历史、文化、习俗的人士，对热爱北京文化的广大读者有些微的帮助，那将是作者最为愉快的事情。

作　者

2015 年 11 月 28 日于北京语言大学

关于《北京歇后语谜语集释》

歇后语是一种独特的语言表达方式，为汉语所独有。歇后语广泛存在于广大底层民众的言语交际中，具有生动的表现力，受到了广大群众的喜爱。在小说创作和戏曲、相声等艺术表演中，作家、艺术家们为了丰富表现力，经常大量使用歇后语。

有的学者认为，歇后语不是语言的健康成分，不宜被提倡使用。这一点不被大多数人所认同。

有的歇后语看起来有些低俗，或者对身体有缺陷者有些不够尊重，可绝大多数歇后语并没有这个问题且都是健康的。绝大多数歇后语使用起来非常生动、形象、有趣，表现力极强。我们应该像对待其他事物一样客观看待歇后语，“去其糟粕，取其精华”，发挥其在语言表达上的独特功用。

谜语是暗射事物或文字让人猜测的隐语。我国人民很早就有猜谜语娱乐的传统，如奶奶哄孙子孙女儿或妈妈哄儿子女儿总喜欢教一些谜语。孩子们在一起玩儿也总喜欢在一起破谜、猜谜，以达到娱乐的目的。有文化的人们还喜欢在喜庆的日子，如元旦、春节等节日里以猜灯谜娱乐庆祝。

一个地方的谜语，由于多年的积累而数量极其庞大，但本书只收录少量的、长期流传于京城及郊区农村民间的谜语。这

主要是为了简单反映一下从民初至 1949 年前后底层民众文化生活的大致情况，也反映当时底层民众大致的生活情趣。

作　者

2016 年 6 月 28 日

目　录

《北京歌谣熟语集释》总序　/1

关于《北京歇后语谜语集释》/3

条目首字索引　/1

歇后语

A　/1
B　/3
C　/10
D　/18
E　/29
F　/33
G　/36
H　/45
J　/59
K　/67
L　/69
M　/86
N　/99
P　/104
Q　/107
R　/113
S　/114
T　/127
W　/134
X　/142
Y　/151
Z　/156

谜语

B　/165
C　/165
D　/166
F　/167
G　/168
H　/168
J　/169
K　/169
L　/169
M　/170
N　/170
P　/170
Q　/171
S　/171
T　/172

X /173
Y /173
Z /175

附录

1. 字谜八则 /177
2. 民间数学题二则 /178

注释词语索引 /179

条目首字索引

歇后语

A

挨 （1）
矮 （1）
艾 （1）
案 （2）

B

八 （3）
巴 （5）
疤 （5）
拔 （5）
白 （6）
扳 （6）
板 （6）
半 （7）
包 （7）
抱 （7）
背 （7）
北 （8）
被 （8）
嗙 （8）
兵 （8）
拨 （9）
脖 （9）

C

财 （10）
仓 （10）
苍 （10）
草 （10）
茶 （11）
长 （11）
肠 （12）
唱 （12）
晁 （12）
炒 （13）
车 （13）
城 （13）
吃 （13）
池 （14）
崇 （15）
抽 （15）

臭 (15)
出 (16)
厨 (16)
穿 (16)
吹 (16)
瓷 (17)
刺 (17)

D

韃 (18)
打 (18)
大 (19)
带 (22)
戴 (22)
当 (23)
刀 (23)
到 (23)
稻 (24)
蹬 (24)
地 (24)
电 (24)
吊 (25)
爹 (26)
碟 (26)
钉 (26)
东 (26)
冬 (27)
冻 (27)
豆 (27)
肚 (28)
断 (28)
兑 (28)

E

俄 (29)
恶 (29)
儿 (29)
二 (30)

F

饭 (33)
房 (33)
放 (34)
飞 (34)
坟 (34)
粪 (35)
佛 (35)
伏 (35)

G

赶 (36)
擀 (36)
刚 (36)
杠 (36)
高 (36)
胳 (36)
跟 (37)

公 （37）
狗 （37）
古 （41）
故 （41）
瓜 （41）
刮 （41）
寡 （41）
挂 （41）
关 （42）
官 （42）
管 （42）
罐 （43）
光 （43）
鬼 （43）
锅 （44）

H

蛤 （45）
哈 （46）
孩 （46）
海 （46）
韩 （47）
寒 （47）
好 （47）
昊 （47）
耗 （48）
喝 （50）
何 （50）
和 （50）
河 （51）
荷 （51）
黑 （51）
猴 （51）
后 （53）
胡 （53）
糊 （54）
虎 （54）
护 （55）
皇 （55）
黄 （56）
会 （57）
浑 （57）
火 （58）
货 （58）

J

鸡 （59）
蒺 （60）
夹 （60）
贾 （60）
见 （60）
姜 （61）
耩 （61）
交 （61）
脚 （61）
叫 （62）

隔　(63)
借　(64)
金　(64)
进　(64)
近　(64)
劲　(65)
井　(65)
景　(65)
揪　(65)
九　(66)
旧　(66)
锔　(66)

K

开　(67)
看　(67)
可　(68)
孔　(68)
口　(68)
裤　(68)
筷　(68)

L

拉　(69)
腊　(69)
癞　(70)
懒　(71)
老　(71)
垒　(78)
李　(78)
理　(79)
力　(79)
俩　(79)
帘　(79)
凉　(80)
粮　(80)
两　(80)
咧　(81)
刘　(81)
六　(82)
聋　(83)
笼　(83)
搂　(83)
卢　(84)
卤　(84)
驴　(84)
罗　(84)
骆　(85)

M

麻　(86)
马　(87)
蚂　(88)
买　(88)
麦　(88)
卖　(88)
满　(92)

猫 （92）
毛 （93）
茅 （93）
没 （94）
梅 （94）
媒 （94）
煤 （94）
门 （95）
蒙 （95）
面 （96）
妙 （96）
庙 （96）
茉 （97）
磨 （97）
木 （97）

N

拿 （99）
奶 （99）
男 （100）
南 （100）
脑 （100）
泥 （101）
你 （101）
年 （101）
尿 （102）
牛 （102）
暖 （103）

P

趴 （104）
盘 （104）
螃 （104）
披 （104）
皮 （105）
屁 （105）
平 （105）
破 （105）
铺 （106）

Q

七 （107）
齐 （107）
棋 （108）
骑 （108）
汽 （108）
千 （108）
前 （109）
墙 （109）
翘 （109）
翹 （109）
荞 （110）
怯 （110）
青 （110）
清 （110）
秋 （110）
娶 （111）

去　（112）
全　（112）
瘸　（112）

R

肉　（113）

S

仨　（114）
赛　（114）
三　（114）
沙　（115）
砂　（115）
傻　（116）
山　（117）
上　（117）
绱　（118）
烧　（118）
舌　（118）
生　（118）
十　（118）
石　（119）
使　（119）
屎　（119）
手　（121）
守　（121）
寿　（121）
瘦　（122）
秫　（122）
属　（122）
数　（123）
树　（123）
双　（123）
霜　（123）
水　（124）
丝　（124）
死　（124）
四　（125）
送　（125）
苏　（126）
尿　（126）

T

太　（127）
潭　（127）
提　（128）
剃　（128）
天　（129）
挑　（130）
铁　（130）
秃　（130）
土　（131）
兔　（131）
推　（132）
脱　（133）

W

歪 （134）
外 （134）
弯 （135）
宛 （135）
万 （135）
王 （136）
网 （138）
望 （138）
蚊 （139）
窝 （139）
五 （139）
武 （140）
捂 （141）

X

西 （142）
稀 （143）
戏 （143）
瞎 （143）
下 （144）
咸 （145）
县 （145）
香 （145）
小 （145）
蝎 （148）
新 （149）
星 （149）
修 （149）
秀 （149）
徐 （150）

Y

哑 （151）
烟 （151）
盐 （152）
洋 （152）
养 （152）
腰 （153）
窑 （153）
药 （153）
要 （153）
鹞 （153）
夜 （154）
一 （154）
萤 （155）
雍 （155）
袁 （155）

Z

枣 （156）
皂 （156）
灶 （156）
甑 （157）
宅 （158）
站 （158）
张 （158）

丈 （158）
正 （159）
蒸 （159）
芝 （159）
纸 （160）
钟 （160）
周 （160）
珠 （161）
猪 （161）
竹 （162）
煮 （162）
锥 （162）
桌 （162）
走 （162）
嘴 （163）
醉 （163）
坐 （163）
做 （163）

谜语

B

不 （165）

C

长 （165）
扯 （165）
矬 （166）

D

打 （166）
大 （167）
当 （167）
叮 （167）
独 （167）

F

扶 （167）

G

搁 （168）
个 （168）

H

黑 （168）
红 （168）

J

节 （169）
姐 （169）

K

开 （169）
空 （169）

L

两 （169）

M

麻　（170）

N

你　（170）
女　（170）

P

破　（170）

Q

奇　（171）
翘　（171）
青　（171）
全　（171）

S

三　（171）
上　（172）
石　（172）
四　（172）

T

天　（172）
头　（172）

X

小　（173）

Y

眼　（173）
一　（173）
油　（175）
有　（175）
圆　（175）
远　（175）

Z

芝　（175）
纸　（175）
种　（175）
竹　（176）
左　（176）

附录

草　（177）
三　（177）
輿　（177）
一　（177）

歇后语

A

☆ 挨打的狗去咬鸡——拿别人出气。

☆ 矮子上高房——搭不上檐儿。

【简析】“檐”与“言”谐音。用于说搭不上话。

☆ 艾窝窝[①]打金钱眼[②]——蔫[③]有准儿[④]。

【注释】①艾窝窝：将蒸熟的糯米和成软面加糖馅儿后做成的球形食品，北京著名地方小吃。②金钱眼：寺庙中供信众用钱币掷准儿的小洞，掷准者被认为吉祥。打金钱眼是京城百姓春节期间游白云观的一项重要活动。③蔫：不言不语，不动声色。④有准儿：有准主意。

☆ 案板上的擀面杖——光棍儿一条。

【简析】用于说某人是单身汉。

B

☆ 八个人送棺罩[①]——小抬着。

【注释】①棺罩：殡葬用具。用竹或木做骨架，外面罩上红或蓝的绣花面子，出殡时罩在棺材上，由杠夫抬到墓地。

【简析】旧时，出殡的灵柩分别有十六人、二十四人、三十二人、四十八人、六十四人抬者，抬的人越多，越显得气派。清代礼制，王爷、贝勒用八十人起杠，皇后曾用九十六人抬。清代皇帝光绪殡葬，就曾用一百二十八人抬棺显示皇家威风。在北京郊区农村，没有官衔限制，雇多少人的杠全凭事主家的经济实力，一般在二十四至四十八人之间，寒苦家庭用十六人的杠。实际上，八人抬的杠算不上抬棺罩，只能叫作抬灵柩。此歇后语用于说双方冲突不大，只是程度较小的相互驳难。

☆ 八个歪脖儿坐一桌——谁也不正眼儿看谁。

【简析】用于说互相看不起。

☆ 八里庄儿[①]的萝卜——心儿里美[②]。

【注释】①八里庄儿：北京西直门外约八里地的一个村庄。旧时，庄里的农民多以种植蔬菜为业。②心儿里美：一种萝

卜。绿皮，瓤紫红色，生吃清脆多水，京城人认为生吃败火，冬、春季喜欢吃。

【简析】用于说某人心里高兴、满意。

☆ 八仙[1]过海——各[2]显[3]其[4]能[5]。

【注释】①八仙：中国古代传说中的八位仙人，即铁拐李、汉钟离、张果老、何仙姑、蓝采和、吕洞宾、韩湘子、曹国舅八人。②各:（上述人中的）每一个。③显：表现。④其：文言代词，此处指他的、他们的。⑤能：能耐。

【简析】用于说各人施展各人的本事。

☆ 八仙桌[1]盖井口儿——随方就圆。

【注释】①八仙桌：每边坐两个人，共坐八个人用餐的大方桌。

【简析】用于说明人应该能够适应各种各样的情况。

☆ 八仙桌上摆夜壶[1]——不是个家伙[2]。

【注释】①夜壶：男子为了夜间小解不下床用的便壶。一般为陶制。②家伙：餐具。

【简析】用于说某人不怎么样。

☆ 八月的石榴——笑咧了嘴儿了。

【简析】用于形容某人遇喜事心中无限高兴，笑得合不拢嘴。

★ 八月的柿子——漤[1]货。

【注释】①漤（lǎn）：将柿子放入石灰水中浸泡，以去掉涩味儿。

【简析】八月的柿子尚未真正成熟，只有经过“漤”后吃时才不涩。“漤”与“懒”谐音，用于指某人是很懒惰的人。

★ 八月十五包粽子——趁枣儿。

【简析】八月是枣子收获的季节，所以说八月十五包粽子是“趁枣儿”。“枣”与“早”谐音，“趁早儿”即赶快、尽快。

★ 八月十五的月亮——正大光明。

【简析】用于说一个人胸怀坦荡无私，行为光明磊落。

★ 巴狗儿摆尾巴——献殷勤。

【简析】用于说某人向别人献媚。

★ 疤瘌眼儿长疮——坏到一块儿了。

【注释】①疤瘌眼儿：眼皮有疤痕的眼。

【简析】用于说两人一样坏。

★ 拔了萝卜栽上葱——一茬儿比一茬儿辣。

【简析】用于说一代领导班子比一代领导班子厉害，或一个人比一个人狠毒。

★ 白蜡杆子翻场——独挑[①]儿。

【注释】①挑（tiǎo）：用棍支起。

【简析】翻场要用三齿木杈，而白蜡杆子是独棍儿一根，是不能翻场的。用于说某项工作只由他一个人干。

★ 白塔寺[①]的耗子[②]——咬塔不咬？

【注释】①白塔寺：位于北京阜成门内，建于元代至元九年（1271），是一座喇嘛塔。②耗子：老鼠。

【简析】用于别人说某人厉害，但自己不相信，或表示不怕，或蔑视。

★ 扳不倒儿[①]掉进血盆里——红人儿。

【注释】①扳不倒儿：不倒翁。

【简析】用于说某人是本单位受宠信或受重用的人。

★ 扳不倒儿盖毯子——人小被儿大。

【简析】“被儿”与“辈儿”谐音。用于说一个人年龄虽小，但辈分却大。

★ 板凳上睡觉——难翻身。

【简析】用于说某人难以改变目前的境遇。

☆ 半道儿上捡个喇叭——有的吹了。

【简析】用于说某人因某事有了吹嘘的资本。

☆ 半空中数手指头——算计高。

【简析】用于说某人精于算计。

☆ 半夜里抡大斧——瞎砍一通。

【简析】“砍”与“侃”谐音。用于说某人乱说一通。

☆ 包子长嘴儿——露馅了。

【简析】用于说不愿意让人知道的事情暴露了出来。

☆ 抱着铁耙子亲嘴儿——找钉子碰。

【简析】用于说明知要遭拒绝却还去求人家。

☆ 抱着元宝跳河——舍命不舍财。

【简析】讥指某人把钱财看得比自己的性命还重要。

☆ 背着孩子推磨——添人不添劲。

【简析】用于说人虽然增加了，但是力量并没有增加。

☆ 北京的炒肝儿[1]——缺心少肺。

【注释】①炒肝儿：京城著名小吃之一。用肥肠和少量猪肝烩制而成。

【简析】用于说某人呆傻，缺心眼儿。

☆ 北京鸭吃食——全靠填。

【简析】用于说学校教学方法落后，学生不能灵活地吸收、掌握和获取知识，全靠教师在课堂上灌输，即所谓填鸭式教学。

☆ 被窝儿里出汗——自个儿热。

【简析】用于说只有己方热心，对方并不热心。

☆ 嘚嘚儿木[1]打跟头[2]——耍花丽[3]屁股。

【注释】①嘚嘚儿木：啄木鸟。②打跟头：也说“折（zhē）跟头”，即翻跟头。③花丽：色彩多样。

【简析】比喻用华而不实的花样儿来显示自己。

☆ 嘚嘚儿木死在树窟窿里——吃了嘴的亏。

【简析】树窟窿是啄木鸟用嘴自己啄的，所以啄木鸟死在树窟窿里是吃了嘴的亏。用于说某人因说话不注意而吃了亏。

☆ 兵马司[1]倒了墙——贼[2]走了。

【注释】①兵马司：元明清的建制，相当于今日的公安局，掌管捕盗贼、羁押案犯等事宜。②贼：偷窃者。

【简析】用于说小偷儿跑了。

☆ 拨棱盖儿[①]上钉掌[②]——离蹄太远。

【注释】①拨棱盖儿：膝盖。②钉掌：为防止牲口的脚掌被路面的硬东西磨破，给牲口的蹄子下面钉的铁掌。

【简析】“蹄”与“题”谐音。用于说某人说话或作文跑题了。

☆ 脖颈子[①]上拴牲口——不是正桩。

【注释】①脖颈子（bógěngzi）：脖子的后部。

【简析】“桩”，一端埋在地中的直立圆木。“正桩”，指货物地道，不是假的。此歇后语用于说某件东西不地道，是冒牌儿货。

C

☆ 财神爷[1]要饭[2]——装穷。

【注释】①财神爷（cáishenyé）：财神。民间指可以使人发财致富的神。② 要饭：乞讨食物。

☆ 仓老鼠[1]跟老鸹[2]去借粮——守着[3]的没有，飞着的有。

【注释】①仓老鼠：仓鼠。生活在田野中，秋庄稼成熟后盗大量粮食存于地下洞穴中。②老鸹：乌鸦。③守着：靠近。

【简析】比喻求别人办事时身边有能人不求，却去远处求没有能力办该事的人。

☆ 苍蝇的肚子——有蛆。

【简析】“蛆”与“屈”谐音。用于说某人有委屈、有冤屈。

☆ 草帽儿戴在拨棱盖儿——不对头。

【简析】用于说事情不正常或二人之间关系不好。

☆ 茶壶坏了——就剩下嘴儿了。

【简析】用于讥讽人只会说漂亮话。

☆ 茶壶里煮饺子——肚子里有，倒不出来。

【简析】“倒”与“道”谐音。用于说一个人不善于言辞表达。

☆ 茶叶篓子改烘笼儿①——外来京做②。

【注释】①烘笼儿：用于烘干衣物的笼状物件。用铁丝制成，用时扣在炉火上，上面放需烘干的衣物。②做（zòu）：詈语。意同“造”。

【简析】用于骂人。骂某人不是地道的北京人。

☆ 长虫①吃耗子——慢慢儿来！

【注释】①长虫：蛇。

【简析】蛇捉住耗子以后用嘴一口一口地往下吞，把整个儿耗子都吞入肚中要用很长时间。用于说做某事不必着急。

☆ 长虫戴草帽儿——假充①细高挑儿、大高个儿。

【注释】①假充：冒充。

【简析】讥讽某人假充能者。

☆ 长虫钻鸡笼[①]——奔蛋。

【注释】①鸡笼：用柳条或荆条编的鸡窝。
【简析】“奔”与“笨”谐音。用于骂某人笨。

☆ 长袍儿、马褂儿、瓜皮帽儿——老一套。

【简析】用于说没有新意。

☆ 肠子痒痒——抓不得，挠不得。

【简析】比喻属于个人隐私的方面虽然内心痛苦却不好对外人说。

☆ 唱戏的抱明柱[①]——闷台了。

【注释】①明柱：不垒在墙中的柱子（一般的房子的柱子都垒在墙里，比较高级的房屋才有明柱）。
【简析】用于说某人在某事上傻眼了、没有办法了，不知如何是好了。

☆ 唱戏的骑马——走人。

【简析】中国传统戏曲表演骑马的动作是以马鞭代马，演员挥动马鞭朝前走。用于说某人离开。

☆ 晁盖的军师——吴用。

【简析】晁盖、吴用都是明代白话小说《水浒传》中的人物。“吴”与“无”谐音。用于说没有作用或没有用处。

☆ 炒咸菜不搁[1]盐——有盐在先。

【注释】①搁：放。
【简析】“盐”与“言”谐音。用于说事先已经讲明。

☆ 车道沟儿里的泥鳅——掀不起大浪。

【简析】用于说让他闹腾，没有什么了不起的。

☆ 城门楼上的哨兵——高守。

【简析】“守”与“手”谐音。用于说某人是技能特别高的人。

☆ 城隍庙[1]里放炮——惊神。

【注释】①城隍庙：道教的庙宇。
【简析】“惊”与“精”谐音。用于说某人有精神。

☆ 城墙上拉屎——好高眼儿！

【简析】“眼儿”有二义：一为屁股眼儿，即肛门；一为眼睛。讥讽某人假有眼力。

☆ 吃冰棍儿拉冰棍儿——没化。

【简析】“化”与“话”谐音。用于说二人无话可说。

☆ 吃刚烤的白薯[1]——又吹又拍。

【注释】①白薯：北京地区称“甘薯”。

【简析】白薯刚烤出来，拿在手上热而烫手，所以又吹又拍。用于说某人惯于吹捧、拍马屁。

☆ 吃着黄连唱歌——以苦为乐。

【简析】用于说某人不怕苦的一种生活态度。

☆ 吃了烤肉到卢沟[1]——宛来宛走。

【注释】①卢沟：卢沟桥。

【简析】宣武门内大街的烤肉宛的烤肉蜚声京城，卢沟桥属宛平县。“宛来宛走”谐音“晚来晚走”。

☆ 吃铁丝儿拉笊篱[1]——肚子里编。

【注释】①笊篱：用柳条儿或铁丝儿编成的用具，用来捞水中的东西。

【简析】用于说某人胡编乱造，所说的事根本不存在。

☆ 吃蝎子就辣椒——又毒又辣。

【简析】用于说某人心肠或手段毒辣。

☆ 池里的王八，塘里的鳖——一路货。

【简析】用于骂二人或多人都不是好人。

★ 崇祯[①]爷上吊——走投无路。

【注释】①崇祯：明思宗朱由检年号（1628—1644）。

【简析】1644年4月24日，李自成率四十万农民起义军攻入北京，崇祯皇帝见大势已去，遂到皇宫北面的煤山（景山）的老槐树下自缢身亡。

★ 抽大烟[①]，扎药针儿[②]——一码[③]是一码。

【注释】①大烟：鸦片。②扎药针儿：用针头注射毒品。也叫扎“吗啡”或打“吗啡”。③码：量词。用于事情。

【简析】用于说两者互不相干，不是一回事。

★ 臭虫钻样册子[①]——咬字儿。

【注释】①样册子（yàngchǎizi）：女子用来存放针线活底样儿的簿册。常以书本为之。

【简析】用于讥讽某人说话时不按实际口语说话而爱用文词儿，谓之咬字儿。

★ 臭豆腐——闻着臭，吃着香。

【简析】在“文化大革命”中，知识分子是革命对象之一，被称作“臭老九”（排在“地、富、反、坏、右、封、资、修”之后）。1968年，工宣队、军宣队进驻北京的大专院校及文化机构，参与“斗、批、改”。这时，有人说知识分子是“臭豆腐——闻着臭，吃着香”，意为知识分子还有用。

★ 臭豆腐下油锅——有点儿香。

★ 出头儿的椽子[①]——先烂[②]。

【注释】①椽子（chuánzi）：横放在檩上的木棍或方木。②烂：糟朽。

【简析】比喻经常出头露面的人容易受到伤害。

★ 厨师的工作——老炒。

【简析】“炒”与“吵”谐音。用于说经常吵架。

★ 穿衣戴帽——各有所好。

【简析】比喻说某个人与众不同可以理解。

★ 吹鼓手[①]叫阵[②]——赛吹。

【注释】①吹鼓手：旧式婚礼或丧礼中吹奏乐器的人。②叫阵：在现场叫喊，向对方挑战。

【简析】用于说吹嘘的双方看谁吹得大。

★ 吹糖人儿的出身——好大口气！

【简析】用于说某人说话口气过大，胡乱吹牛。

★ 吹糖人儿的盖大楼——熬着吧！

【简析】吹糖人儿所用的糖稀是用黄米和麦芽糖熬制而成，

若要用糖稀盖一座大楼得用很多糖稀，所以只能慢慢熬。用于说某事实现很不容易，只有慢慢等待。

★ 瓷公鸡，铁仙鹤[1]，玻璃耗子，琉璃猫——都是一毛不拔[2]的东西。

【注释】①鹤：北京地区的白读音为háo。②一毛不拔：比喻一点儿钱物也不出。形容极其吝啬。

【简析】用于骂几个人都是极其吝啬的人。

★ 刺猬皮包钢针——里外扎手。

【简析】用于说事情怎么都不好办。

D

★ 鞑子[1]拔烟袋[2]——不傻装傻。

【注释】①鞑子：古代对北方少数民族的称呼。②烟袋：吸烟的用具。有旱烟袋和水烟袋两种。

★ 打醋的进当铺[1]——进错门了。

【注释】①当铺（dàngpu）：收取抵押品借钱给人的店铺。

【简析】用于说某人选错了行业。

★ 打磨厂的大夫——懂得冒哇？

【简析】民国时期，前门外的打磨厂有一位很有名气的大夫叫董德懋。“董德懋”谐音反问句“懂得吗”。用于说某人什么也不懂。

★ 打破砂锅——璺[1]到底。

【注释】①璺（wèn）：陶瓷等器具上的线状裂痕。

【简析】“璺”与“问”谐音。用于说对某事刨根问底或追究到底。

☆ 打掌[①]的敲耳头——离蹄太远。

【注释】①打掌：钉掌。
【简析】同“拨棱盖儿上钉掌”。

☆ 打仗撇砖头——没子儿了。

【简析】此处的“子儿”有双重意义：1. 枪子儿（子弹）。2. 铜子儿（铜元）。此歇后语用于说没钱了。

☆ 大伯子[①]背兄弟媳妇儿过河——受累不讨好。

【注释】①大伯子（dàbǎizi）：丈夫的哥哥。
【简析】同“公公背儿媳妇儿过河”。

☆ 大车拉王八[①]——载你！

【注释】①王八：乌龟或鳖的俗称。
【简析】“载”与“在”谐音。“在你”，即由你自己决定。此歇后语用于熟人之间开玩笑。

☆ 大肚儿汉——能吃不能干。

☆ 大褂儿改坎肩儿——大材小用。

【简析】用于说屈才。

☆ 大闺女拜天地[1]——头一回。

【注释】①拜天地：旧式婚礼仪式之一，通称“拜堂”。

【简析】用于说这是自己第一次做此事。

☆ 大闺女生孩子——费力不讨好。

☆ 大闺女坐轿——头一回。

【简析】同“大闺女拜天地”。

☆ 大河里翻船——浪催的。

【简析】“浪”有二义：1. 波浪。2. 女人性欲旺盛。此歇后语是说由于性欲太强才做出了这样的事情。用于骂人。

☆ 大街上捡[1]烟头儿——找抽呢！

【注释】①捡：捡拾。

【简析】“抽”有二义：1. 吸（烟）。2. 用鞭子打（牲畜或人）。此歇后语用于说别人找打。

☆ 大街上卖笛子——自吹。

【简析】用于讥讽某人自我吹嘘。

☆ 大懒支[1]小懒——一支白瞪眼[2]。

【注释】①支：指使。②白瞪眼（báidengyǎn）：瞪眼。因瞪眼时眼白显得较多，故有此说法。这是不听从某人意见或对某人不满的表示。

【简析】用于说对某活计谁也不愿意干，互相推诿。

★ 大年初一吃饺子——都一样。

【简析】用于说彼此情况或待遇相同。

★ 大拇哥[①]挠[②]痒痒——随着。

【注释】①大拇哥：拇指。②挠：抓。

【简析】用于说自己跟随别人做某事，别人怎么办自己就怎么办，不另搞一套。

★ 大拇哥掏耳头——进不去。

★ 大娶[①]——绕达[②]绕达。

【注释】①大娶：隆重接娶新娘。②绕达（ràoda）：围绕某处转悠。

【简析】用于说有近路可达却走远路。

★ 大水冲了龙王[②]庙——一家人不认得一家人。

【注释】①龙王：神话中统领水族的王，掌管兴云降雨。

★ 大虾米[②]炒鸡爪儿——抽筋儿[②]带弯腰。

【注释】①虾米：虾。②抽筋儿：肌肉痉挛。

【简析】常用于两方面：1. 指人驼背。2 讥讽某人向有权势的人点头哈腰，缺乏骨气。

★ 大兴县的横批——自作自受。

【简析】大兴县县衙横批“自作自受”的意思是：我判你罪，是你自己造成的，怨不得别人。用于泛指。

★ 大兴县知县——管得宽。

【简析】清代，北京城由两个县管辖，西城属宛平县管，东城属大兴县管。“管得宽”，指管得范围广。用于讥讽某人不该管自己的事。

★ 大衣柜不安拉手——抠门儿。

【简析】用于说某人吝啬、小气。

★ 带着肚儿[①]住娘家——自个儿要知道自个儿的身子儿。

【注释】①带肚儿：粗话。指有身孕。

【简析】旧时，妇人怀孕一般羞于向别人说，而娘家人不知道住家姑奶奶已经怀孕，便不可能特别关心照顾。所以，该干什么不该干什么，自己要根据自己的身体情况量力而行。用于指说话做事时要知道自己的身份。

★ 戴着草帽儿亲嘴儿[①]——差远了！

【注释】①亲嘴儿：接吻。

【简析】用于说一点儿也不对。

★ 当兵的背算盘——找账打。

【简析】“账”与“仗”谐音。用于说某人故意寻衅滋事。

★ 当①衣裳买酒喝——顾嘴不顾身。

【注释】①当（dàng）：用实物作抵押向当铺借钱。

【简析】用于说某人只注意吃的方面，不注意穿着方面的体面。

★ 刀子擦屁股——危险！

【简析】用于说做某事危险。

★ 到鹤年堂①讨刀剑药②——死到临头了。

【注释】①鹤年堂：北京一个著名的中药店，在宣武门外菜市口大街丁字路口的西北角。菜市口大街在清代曾是刑场，每到秋季都要处决死刑犯，处决方式是由刽子手刀砍。②刀剑药（dāojianyào）：用来治疗刀剑伤的外用药。

【简析】用于比喻某人已处在危险关头。

★ 到火神庙求雨——找错门了。

【简析】求雨应该到龙王庙。用于说求人没求对地方。

★ 稻草绳子拔河——禁不住拉扯。

★ 蹬着梯子逗[1]骆驼——找死。

【注释】①逗：引逗。

【简析】用于指斥别人做危险的事情，拿生命开玩笑。

★ 地瓜不叫地瓜——白薯。

【简析】“地瓜”，甘薯的方言称谓之一。北京地区把甘薯叫“白薯”。用于说某人无能，办不了事。

★ 电车上马路——找辙。

【简析】“电车”，指有轨电车。“辙”，指木轮大车在土路上轧出的轨迹，比喻办法、主意或借口。此歇后语用于说想办法找摆脱尴尬局面的台阶儿。

★ 电车下土道儿——一点儿辙都没有。

【简析】比喻对某事一点儿办法都没有。

★ 电线杆子上绑鸡毛——好大的掸子！

【简析】“掸”与“胆”谐音。用于讥讽人胆子过大。

★ 电线杆子削牙签儿——大材小用。

【简析】同“大褂儿改坎肩儿”。

★ 电线上的风筝——缠上了。

【简析】用于说被纠缠上了或二人混到了一起。

★ 吊死鬼子[①]当宰相——鬼点子太多！

【注释】①吊死鬼子：上吊自尽者的鬼魂。

【简析】用于说某人主意多（略含贬义）。

★ 吊死鬼子当账房[①]——专打鬼算盘。

【注释】①账房："账房先生"的简称，指旧时商铺或有钱人家管理金钱货物出入的人。

【简析】用于说某人专门儿在暗地里算计人。

★ 吊死鬼子进宅门——鬼到家了。

【简析】"鬼"有二义：1. 迷信者指人死后的灵魂。2. 指某人机灵，心眼儿多（多用于孩童）。此歇后语用于说某人非常精明伶俐（用于对孩童的夸赞）。

★ 吊死鬼子卖淫——死活不要脸。

【简析】用于骂人不顾一切地做不知羞耻的事。

★ 吊死鬼子请来饿死鬼——鬼到一块儿去了。

【简析】用于说在一起相处的两人都非常精明伶俐，心眼儿多。

☆ 吊死鬼子说媒[①]——白[②]饶一番舌[③]。

【注释】①说媒：介绍婚姻。②白：徒然，没有效果。③饶舌：费话。

【简析】比喻说了很多话，却没有任何作用和效果。

☆ 爹死娘嫁人——个人顾个人。

【简析】用于说谁也不顾谁，每个人只管自己。

☆ 碟子[①]里扎猛子[②]——浅多了。

【注释】①碟子：圆形的小瓷盘儿。②扎猛子：游泳时将头钻进水中向水底潜入。

【简析】用于讥讽某人知识浅陋、本领低下，不是自己的对手。

☆ 钉盆儿的戴眼镜——没碴儿找碴儿。

【简析】同"锔碗儿的戴眼镜儿"。

☆ 东来顺[①]儿的涮羊肉——真叫嫩。

【注释】①东来顺：北京餐饮业的一个老字号，原在王府井大街北口，以经营涮羊肉著名。

【简析】用于慨叹某人实在不够成熟。

☆ 东岳庙走城隍——横竖都撞着鬼。

【简析】用于说自己无论怎样做都遇到不好的事。

☆ 冬天穿套裤[①]——暖和了前边儿，冷了后边儿。

【注释】①套裤：小腿儿部分有筒儿，大腿部分只遮盖前面的裤子。有棉、夹等多种，多指冬天推车担担的穷人穿的棉套裤。

☆ 冻葱——不打[①]捆儿。

【注释】①打：打开。

【简析】比喻两人或多人形影不离，总不分开（多用于男青年，含贬义）。

☆ 冻豆腐——难拌。

☆【简析】“拌”与“办”谐音。用于指事情难办。豆腐掉在灰堆里——吹不得，打不得。

【简析】比喻对待某人怎么处置都不合适。

☆ 豆儿干饭——焖着。

【简析】“焖”与“闷”谐音。用于说沉默不语、一言不发。

☆ 肚脐眼儿[①]上练幡[②]——心里的劲儿。

【注释】①肚脐眼儿：肚脐。②幡：中幡。

【简析】因某事和某人结下仇恨以后，再也不和某人涉及此事，心里却耿耿于怀；在和某人涉及其他事情时，表现出来的非正常情绪是这种旧恨情结的反映，就叫“心里的劲儿”。

☆ 断了线的风筝——任其飞。

【简析】用于说已经管不了他了，爱怎么着怎么着吧！

☆ 兑[①]水的老白干儿[②]——没冲劲儿。

【注释】①兑：掺和。②老白干儿：白干儿，即白酒。

【简析】“冲（chòng）劲儿”有二义：1. 指烟酒的强烈刺激性。2. 指人敢做、敢闯的劲头儿（多用于青少年）。此歇后语用于说某个青少年缺乏敢做敢闯的精神，遇事畏首畏尾。

E

★ 俄国人卖毯子——没法子。

【简析】1917年“十月革命”以后，不少俄国人被当局驱逐出境，他们中的一部分来到了中国。其中，流落到北京街头的俄国人多靠乞讨度日，他们卖掉生活必需品——毯子以换取生活急需，实在是不得已的事。

★ 恶心妈给恶心开门——恶心[1]到家了。

【注释】①恶心：令人生厌。②到家了：比喻达到了一定的规格、水平或程度。

【简析】用于说事情让人极其厌恶。

★ 恶心妈夸恶心——好恶心人！

【简析】用法同“恶心妈给恶心开门”，只是略带惊叹的语气。

★ 儿子成亲父做寿——好事成双。

★ 二不愣[①]当家——出不了好主意。

【注释】①二不愣（èrbulēng）：言行粗鲁莽撞的人。

★ 二齿镐挠痒痒——是把硬手儿。

【简析】用于说某人特别能干。

★ 二斗料[①]没嘬[②]肥——半膘子[③]。

【注释】①料：饲料。在北京地区，多指喂牲口及喂仔猪的黑豆。此处指作为饲料的粮食。②嘬（zhuāi）：用好的食物喂养，使猪变肥。③半膘子：似肥不肥的猪。比喻在人面前惯于发疯或胡乱闹腾的人。

【简析】用于指某人不通事理、行事鲁莽。

★ 二更的梆子打两下儿——一点儿也不差。

【简析】旧时，一夜分为五更，每当交更时巡夜人员即敲梆子报更。此歇后语用于说别人所说的话丝毫不差。

★ 二郎神[①]缝皮袄——神缭。

【注释】①二郎神：本名杨戬（jiǎn），别称“二郎神”，号德源庙道真君。道教及民间信仰的神祇人物，很多人认为他是水神。

【简析】“缭”与“聊”谐音。用于说别人山南海北、漫无边际地谈天。

☆ 二两棉花——单弹着。

【简析】“弹”与“谈”谐音。用于说彼事搁置一边，不应跟此事在一起谈。

☆ 二两铁打[①]大刀——不够料[②]。

【注释】①打：锻造。②料：材料。

☆ 二十五两——半封儿。

【简析】旧时，银子五十两为一封，所以二十五两为半封。“半封儿”谐音“半疯儿”。用于说某人胡乱闹腾，或是胡乱闹腾的人（多用于青少年男女）。

☆ 二十一天孵不出鸡——坏蛋。

【简析】人工孵鸡，二十一天小鸡破壳而出。如果二十一天不出小鸡，说明此蛋未经受精或有其他问题。此歇后语用于骂人。

☆ 二月打雷——响得早。

【简析】“响得早”谐音“想得早”。

☆ 二闸[①]吃螺蛳[②]——绕了个弯儿。

【注释】①二闸：在朝阳区通惠河，附近早年为京城市民郊游乐地。②螺蛳（luósi）：田螺。

☆ 二闸打锣——狼来了！

☆ 二闸的窝铺[1]——下哨[2]等着你。

【注释】①窝铺：在野外搭起的看护瓜果时遮蔽风雨或休息的棚铺。②下哨：河流的下游。

☆ 二闸翻船——浪催的。

【简析】同“大河里翻船”。

F

★ 饭店里卖服装——有吃有穿。

★ 房顶儿开门——六亲不认。

【简析】用于说某人缺乏情义，不讲情面。

★ 房儿县[1]的城墙——不开眼。

【注释】①房儿县（Fángrxiiàn）：旧时，北京口语对房山县（今北京市房山区）的称呼。

【简析】旧房山县县小城墙也矮小，跟北京高大的城墙相比，无眼，无垛口。用于讥讽某人不识货、不辨真假等。

★ 房脊上猫——活兽。

【简析】同“猫卧房脊上”。

★ 房檐下的燕子——瞎啾啾[1]。

【注释】①啾啾：形容许多小鸟的鸣叫声。

【简析】用于说某人对某事不了解情况而胡说乱说。

☆ 放屁拉抽屉——遮羞脸儿。

【简析】用于说某人掩盖丑事。

☆ 放屁抓青[1]——不顶事。

【注释】①抓青：用经过处理的人粪肥给正在生长的庄稼根部施肥。

【简析】用于说没有作用。

☆ 飞机上放炮[1]——响得高。

【注释】①炮：炮仗；鞭炮。

【简析】“响”与“想”谐音。用于说某人对某事期望值过大。

☆ 坟地改菜园子——拉平了。

【简析】坟地里有一个个的坟头，如果把坟地改为菜园子，必须首先平掉坟头。此歇后语用于比喻或说明两件事情已经扯平。

☆ 坟头儿上插烟卷儿[1]——缺德带冒烟儿[2]。

【注释】①烟卷儿：纸烟。②缺德带冒烟儿：意同“缺德”（年轻女性喜用）。

【简析】用于骂别人事情办得缺德。

☆ 粪叉子[①]改挠钩[②]——就搭[③]材料儿。

【注释】①粪叉子（fènchāzi）：拾粪工具。铁制，五齿，上端装一长木柄。②挠钩：农具名。前端是弯曲的几个铁钩，上端安一个长木柄，常用于帮助幼苗破土或松土。③就搭：将就，凑合。

【简析】用于说某人承担某个工作为勉强凑合。

☆ 粪叉子改挠钩——弯回去了。

【简析】用于说某人死了（缺乏尊重意）。

☆ 粪坑子上吹喇叭——臭鸣远扬。

【简析】“臭鸣远扬”谐音“臭名远扬”。

☆ 佛爷的眼珠儿——动不得。

【简析】“动不得”，即“不能动”。

☆ 伏天的蝈蝈儿——叫得欢。

【简析】用于说某人折腾得欢或吹嘘得厉害。

G

☆ 赶走狐狸又来狼——一伙儿比一伙儿凶。

☆ 擀面杖[①]吹火——一窍儿不通。

【注释】①擀面杖：擀面用的木棍儿。

【简析】用于说一点儿也不懂，非常外行。

☆ 刚出洞的老鼠——东张西望。

☆ 杠房[①]掌柜的——杠头。

【注释】①杠房：旧时出租殡葬用具的铺子。

【简析】“杠头”有二义：1. 开杠房的人。2. 比喻喜欢抬杠的人。此歇后语用于比喻某人是爱抬杠的人。

☆ 高射炮打蚊子——大材小用。

【简析】同“大褂儿改坎肩儿”。

☆ 胳肢窝[①]夹柿子——没那么漤的。

【注释】①胳肢窝：腋窝。

【简析】“溇”与“懒”谐音。用于说某人非常懒惰。

☆ 跟老花子[①]闹着玩儿[②]——拿穷人开心。

【注释】①老花子：乞丐。②闹着玩儿：开玩笑。

☆ 公公背儿媳妇儿过河——受累不讨好。

【简析】同“大伯子背兄弟媳妇儿过河”。

☆ 公鸡报晓——不用催。

【简析】用于说某人做某事不用催促。

☆ 公鸡戴帽子——冠上加冠。

【简析】“冠上加冠”谐音“官上加官”。用于说某人不止一个官职。

☆ 狗吃麸子[①]——不见面儿。

【注释】①麸子：麦子磨面后剩下的外皮。

【简析】“面儿”在这里有二义，既有“面粉”义，又有“脸面”义。用于说某人不露面儿。

☆ 狗戴嚼子[①]——胡勒[②]！

【注释】①嚼子：为便于驾驭，横放在马、驴、骡口中的

铁链，一端可由驭者拉动使牲口听话。②勒（lēi）：用绳子等捆住或套住，再用力拉紧。

【简析】比喻某人毫无根据地胡说。

☆ 狗揽[①]八泡[②]屎——泡泡舔不清。

【注释】①揽：霸占。②泡：量词。指撒一次尿、拉一次屎的量。

【简析】用于说一个人在同一个时间内做事情太多，哪一件也做不好。

☆ 狗脸——说翻就翻。

【简析】用于说某人脸子急，说翻脸就翻脸。

☆ 狗拿[①]耗子——多管闲事。

【注释】①拿：捉，逮。

【简析】捉耗子是猫的本分，狗没有这个职责。此歇后语为詈语，用于说“你管不着这件事”。

☆ 狗刨[①]坟头子[②]——欢啦！

【注释】①刨：用手、爪子向后扒（土）挖。②坟头子：埋葬死人后在地面上堆起的土堆。

【简析】用于讥讽某人精神亢奋、行为失去节制的样子。

☆ 狗撵[1]鸭子——呱呱叫。

【注释】①撵：追赶。

【简析】“呱呱叫”有二义：1. 鸭子的叫声。2. 用于说非常突出，极好。

☆ 狗掀门帘——全凭那张嘴。

【简析】用于说某人嘴上说得漂亮，并不办真事。

☆ 狗掀门帘子——拿[1]嘴对付[2]。

【注释】①拿：用。②对付：应付。

【简析】用于说某人用好听的话应付。

☆ 狗熊[1]掰棒子[2]——掰一个丢一个。

【注释】①狗熊：黑熊。②棒子：玉米或玉米的果实。此处指后者。

【简析】黑熊掰棒子，掰一个就夹在腋下，再掰一个又往腋下夹，当它夹第二个时第一个已经掉在地上了。这样掰下去，最后也只落下一个棒子。比喻得到新的就丢掉旧的，始终不会增加。常用于指孩子的学习长时间没有长进。

☆ 狗熊戴礼帽——装大人物。

【简析】讥讽某人本来为小民或普通百姓，却要装成级别高或有身份的人物。

☆ 狗熊耍扁担——混碗饭吃。

【简析】狗熊耍扁担是非常简单的杂技表演，当然挣不了多少钱，所以只能是混碗饭吃。

☆ 狗咬秤砣——好硬的嘴！

【简析】用于说某人嘴硬，死不承认错误或过失。

☆ 狗咬刺猬①——没地界儿②下嘴③。

【注释】①刺猬：一种动物，身体圆球状，浑身有刺。②地界儿：地方。③下嘴：用嘴咬，用嘴吃。

【简析】比喻对双方的矛盾和纷争不方便发表意见。

☆ 狗咬吕洞宾①——不认得②真人③假人④。

【注释】①吕洞宾：传说中的八仙之一。据说曾在终南山隐居修道，道教全真道尊其为“北宗五祖”之一。②不认得：不会辨别。③真人：好人。④假人：不好的人；坏人。

【简析】用于说你分不清好人和坏人，而把好人当成了坏人。

☆ 狗长犄角——羊式的。

【简析】“羊”与“洋”谐音。“洋式的”，外国的样式。用于指样式奇特，不同于一般。

☆ 狗坐轿子——不识抬举。

【简析】用于骂某人不识抬举。

☆ 古曲演奏——老调重弹。

☆ 故宫里插柳条儿——竖不起来。

【简析】“竖”与“树”谐音。“树不起来”，即说某人没出息、不争气，别人想提携他却无济于事。

☆ 瓜子嗑出臭虫来——什么仁儿都有。

【简析】“仁”与“人”谐音。用于说有这样的人毫不奇怪。

☆ 刮风扫地，下雨泼街——假积极。

【简析】刮大风时不用扫地，下大雨时不用泼街。

☆ 寡妇进当铺——要人没人，要钱没钱。

【简析】用于说某家处于极度困难的境况。

☆ 挂着蚊帐点蚊香——多此一举。

【简析】用于说做这个事没必要。

☆ 关公[①]的鼻子流血——红上加红。

【注释】①关公（？—220）：关羽。三国时期蜀汉名将，字云长，河东解州（今山西临猗）人。传说关公为红脸，他的事迹长期在民间流传，受到了历代的推崇，被称作“关公”或“关帝”。明清时期，到处都修有关帝庙供奉他。

【简析】用于说某人特别受重视。

☆ 关公赴宴——单刀直入。

【简析】用于说没有拐弯儿抹角儿就直奔主题。

☆ 关进铁笼子里的狗熊——来回转。

【简析】用于说某人来回走动。

☆ 官仓里的老鼠——肥吃肥喝。

【简析】官仓里的粮食总是很多，不会缺粮。用于说某人的职位有极多的外快。

☆ 管丈母娘[①]叫大姑——没话儿找说话儿。

【注释】①丈母娘：岳母。

☆ 管丈母娘叫大嫂子——没话儿强说话儿。

☆ 管丈母娘叫妈——自个儿[1]愿意。

【注释】①自个儿：自己。

【简析】旧俗，姑爷一般不管岳母叫“妈”。用于说某人情愿这样做，没有任何人强迫他。

☆ 罐儿里养王八——越养越抽抽儿[1]。

【注释】①抽抽儿：收缩；萎缩。

【简析】用于比喻越来越退步。

☆ 光屁股推碾子[1]——转着圈儿现[2]。

【注释】①推碾子：人力用碾子磨面。②现：现眼。

【简析】用于骂某人到处去现眼。

☆ 光屁股追贼——胆大不嫌寒碜[1]。

【注释】①寒碜（hánchen）：丢人。

☆ 光屁股坐板凳儿[1]——一板儿一眼儿。

【注释】①板凳儿：矮小的条凳。

【简析】用于说人办事稳重，有次序，不东抓一把西抓一把。

☆ 鬼见愁[1]上看惊马——踢不着，咬不着。

【注释】①鬼见愁：北京西郊香山的主峰香炉峰的俗称。

香炉峰山势陡峭，怪石嶙峋，是京城爬山爱好者的好去处。

【简析】用于说没有任何危险。

☆ 锅边儿上的粥——熬出来的。

【简析】“熬”有二义：1. 把米等放入锅里用水煮烂或煮熟。2. 盼情况改变，长时间忍受艰难困苦的生活。此歇后语用于说忍受了多年的艰难痛苦才盼到了今天的美好。

H

☆ 蛤蟆[1]不长毛——天生那道[2]种。

【注释】①蛤蟆：青蛙和蟾蜍的统称。多数情况下指青蛙。②道：类。

【简析】用于骂某人天生就不是好东西。

☆ 蛤蟆垫桌腿儿——死挨[1]。

【注释】①死挨：死等。

【简析】比喻勉力承受某种痛苦或折磨而坚持或等待。

☆ 蛤蟆生气——干鼓肚儿。

【简析】用于说某人对某人或某事干生气没有办法。

☆ 蛤蟆拴在鞭梢上——禁不住摔打。

【简析】用于说某年轻人稚嫩，禁受不住艰苦生活的锻炼。

☆ 蛤蟆跳井——吥咚[1]。

【注释】①吥咚（bùdǒng）：拟声词。重物落在水里的声音。

【简析】“吥咚”谐音“不懂”。用于说某人对某事不懂。

☆ 蛤蟆笑蝌蚪——忘了自个儿是从哪儿来的了。

【简析】常用来形容某人不知道孝顺父母，或不知道对帮助自己成长的一方感恩。

☆ 哈拉巴[1]刻寿星——骨老头儿。

【注释】①哈拉巴（hǎlabā）：满语。肩胛骨。

【简析】用于说某人为幽默风趣的老头儿。

☆ 孩子的脊梁——小人之辈。

【简析】用于说某人是小人。

☆ 海螃蟹——瞧这一夹子！

【简析】“一夹子”谐音“一家子”。用于说某一家人个个出众或都不怎么样。

☆ 海子[1]里的鹿——愣着。

【注释】①海子：北京南苑在清代称为“海子”，为皇家猎场。那里养的鹿专为皇帝狩猎用，平时就呆呆地在那里愣着。

【简析】用于说某人该干不干而呆立。

☆ 韩麻子叉腰——要钱！

【简析】韩麻子，天桥早期八大怪之一，相声艺人。他每说完一段相声，就开始双手叉腰站立，以示向听众要打赏钱。所以产生了此歇后语。

☆ 韩湘子[①]出家——一去没回来。

【注释】①韩湘子：民间传说的八仙之一。

☆ 寒号鸟晒太阳——得过且过。

【简析】据说寒号鸟在天气寒冷的时候一直在洞里猫着，只有冬至节气后大地阴尽阳回时才从洞里出来鸣叫："得过且过，老爷儿出来晒晒我！"

☆ 好儿[①]爸爸打好儿妈——好儿急了。

【注释】①好儿：虚拟的小孩儿名儿。
【简析】"急"与"极"谐音。用于说好极了。

☆ 昊天塔[①]——红在根儿上。

【注释】①昊天塔（Hàotiāntǎ）：又名多宝佛塔，俗称"良乡塔"。塔建在良乡镇东的燎石岗上，岗土为红色，有"良乡塔，半山坡"之说。

【简析】用于说某人根子硬。20世纪六七十年代“极左”思潮泛滥时期，此歇后语用于讥指某人出身好（出身于贫下中农、革命干部、革命军人家庭）。

☆ 耗子给猫捋[①]胡子——溜须不要命。

【注释】①捋（lǚ）：用手把线状物弄顺溜。

【简析】用于说某人拼死给别人拍马屁。

☆ 耗子进风箱——两头儿受气。

【简析】用于说受双方的气。

☆ 耗子看[①]粮仓——监守自盗。

【注释】①看（kān）：守护。

【简析】也说“猴儿看果园”。

☆ 耗子扛枪——窝里儿横。

【简析】用于说某人在家里或本单位蛮横难惹，一到外面就非常怯懦。

☆ 耗子啃书本儿——咬字儿。

【简析】同“臭虫钻样册子”。

☆ 耗子爬香炉——碰了一鼻子灰。

【简析】用于说遭到了驳斥或回绝。

☆ 耗子上秤盘子——自个儿称自个儿。

【简析】“称”，有“称重”与“称赞”二义。用于讥讽某人自己夸耀自己。

☆ 耗子娶媳妇儿——小打小闹儿。

【简析】用于说动作不大。

☆ 耗子舔猫鼻子——作死[①]不等天亮。

【注释】①作（zuō）死：找死。
【简析】用于说某人急于找死。

☆ 耗子掀门帘——露一小手儿。

【简析】用于说略微显一显本事。

☆ 耗子尾巴上的疮——没多少脓。

【简析】在北京方言中，“脓”与“能”同音。用于说一个人没有多大本事。

☆ 喝酒不用酒盅儿——壶来。

【简析】“壶来”谐音“胡来”。用于说瞎干。

☆ 何家姑娘嫁给了郑家——郑何氏。

【简析】旧时，女子结婚以后一般把婆家姓和娘家姓合在一起作为名字。婆家姓在前，娘家姓在后，然后再加一个“氏”字。“郑何氏”谐音“正合适”。

☆ 和尚打伞——无发无天。

【简析】男子出家当和尚，必须剃光头。“发”与“法”谐音。此歇后语多用于形容某人不顾任何规矩和管束肆意妄为。

☆ 和尚的媳妇儿——没法儿说[1]。

【注释】①说：介绍，从中撮合。

【简析】用于形容事情头绪极多而不好说清楚，或某人的各方面表现均不好但不便于评说。

☆ 和尚娶媳妇儿——下辈子再说了。

【简析】出家的和尚不能结婚，所以有此歇后语。

☆ 和尚摘帽子——头明。

【简析】“头明”谐音“头名”（第一名）。

★ 河边儿洗衣裳——不干不走。

【简析】“干湿”的“干”与“输净”义的“干”二义双关。用于指斥别人不把钱输干净不离开赌场。

★ 河湖中的浮萍——扎不下根。

【简析】常用于说移居他乡后不能真正融入当地群众中。

★ 荷叶包钉子——个个想出头儿。

【简析】旧时，京城夏天走街串巷卖熟食的都用荷叶做包装。如果用荷叶包铁钉子，荷叶肯定要被每个钉子的尖儿扎坏。此歇后语用于说做某件事情的时候不是尽心尽力，而是都想如何表现自己、如何出风头。

★ 黑俭的哥哥——白俭。

【简析】“俭”谐音“捡”，意为白得。常用于赌博性的活动，表示我赢你非常有把握，不费吹灰之力。

★ 黑瞎子①上轿——谁抬你啊！

【注释】①黑瞎子：黑熊。
【简析】用于说某人做某事没有人拥护、支持。

★ 猴儿的屁股——自来红。

☆ 猴儿吃核桃——满砸。

【简析】用于说事情完全做坏了。

☆ 猴儿吃麻花儿——满拧。

【简析】用于说情况完全相反或根本就弄颠倒了。

☆ 猴儿戴胡子——一出儿没有。

【简析】猴儿戴了胡子也演不了戏。用于说某人没有一点儿本事。

☆ 猴儿顶灯——不牢靠。

☆ 猴儿看①果园——监守自盗。

【简析】也说“耗子看粮仓”。

☆ 猴儿拉稀——坏肠子了。

【简析】用于说别人心眼儿坏了。

☆ 猴儿拿虱子①——瞎掰。

【注释】①虱子：寄生在人或动物身上的一种昆虫。

【简析】用于说别人瞎闹、瞎扯。

★ 猴儿上树——爬得快。

【简析】用于说某人提拔晋升得快（有贬义）。

★ 猴儿照镜子——没人样儿。

【简析】用于说某人行动坐卧不像样子（多用于男性青少年）。

★ 后门①桥的茶馆儿——一品轩②。

【注释】①后门：地安门的俗称。②一品轩：北京一个著名的茶馆儿。

★ 后脑壳上的头发——难见面。

★ 后娘瞧①闺女——干②嚷嚷③。

【注释】①瞧：看，探视。②干：只；徒然。③嚷嚷（rāng rang）：喊叫。此处意为说说。

【简析】用于讥讽某人只嘴上说做某事而不付诸行动。

★ 胡椒拌黄瓜——又辣又脆。

【简析】用于说小姑娘或少妇说话又厉害又干脆。

★ 胡萝卜戴草帽儿——小红人儿。

【简析】用于说某人受上司的宠信或本单位的重视。

☆ 胡萝卜就[①]酒——嘎嘣脆。

【注释】①就：两者一主一次搭着吃喝。②嘎嘣脆：食物吃起来口感酥脆。

【简析】比喻某人说话办事干脆，不含含糊糊、拖泥带水。

☆ 胡同儿[①]赶猪[②]——直来直去。

【注释】①胡同儿（hútòngr）：街巷。②赶猪：用鞭子或小棍儿把猪赶到目的地去。

【简析】用于说性格率直，或办事直来直去，不拐弯儿、抹角儿。

☆ 胡屠户的女婿——范进。

【简析】胡屠户、范进都是清代小说《儒林外史》中的人物。“范进”谐音“犯劲”。用于说二人正闹着别扭。

☆ 糊涂庙里糊涂神——糊涂到一块儿了。

【简析】用于说二人一样糊涂。

☆ 虎不拉[①]串房檐儿——找雀儿[②]吃。

【注释】①虎不拉（hǔbulǎ）：伯劳。②雀儿（qiǎor）：此处指家雀儿，即麻雀。

【简析】“雀”与“巧”谐音。用于说别人投机取巧，企图占别人便宜。

★ 虎不拉折跟头[①]——耍华丽屁股。

【注释】①折跟头（zhēgēntou）：翻跟头。

【简析】用于讥讽某人卖弄各种华而不实的手段。

★ 护国寺[①]买骆驼——没那个市儿。

【注释】①护国寺：旧时北京八大寺庙之一，位于西城区。始建于元代，清光绪三十三年（1907）毁于火灾，现仅有少量遗存。护国寺大街因寺而得名。

【简析】“没那个市儿”谐音“没那个事儿”。用于说没那么回事。

★ 护国寺西头儿，隆福寺[①]东廊下——狗市。

【注释】①隆福寺：旧时北京一座有名的寺庙，位于东城区。始建于明景泰三年（1452），为皇家香火院。毁于“文革”，现仅有少量遗存。

【简析】“狗市”谐音“狗事”。用于说某事是不值一提的事或毫无价值的事。

★ 皇上的妈——太后。

【简析】“后”与“厚”谐音。用于说东西过于厚。

★ 皇上家的祠堂——太庙[①]。

【注释】①太庙：帝王祭祀祖先的庙。在故宫的东侧，现为劳动人民文化宫。

【简析】“庙”与“妙”谐音。“太妙”，就是极好。

☆ 皇上剃光头——不要王发。

【简析】“王发”谐音“王法”。

☆ 黄柏木做磬[①]槌子——外头体面，里头苦。

【注释】①磬：寺庙中的响器。形似钵，用铁或铜铸成，在信徒上香、上供、叩拜时由寺庙中的僧人敲击。

【简析】比喻表面上看起来体面光彩，内里却有许多难言之隐。

☆ 黄瓜打狗——去了一半儿。

【简析】用于说东西已经用了一半儿或损失了一半儿。

☆ 黄瓜鱼[①]——溜边儿[②]。

【注释】①黄瓜鱼：白条儿鱼。②溜边儿：靠边儿。

【简析】比喻某人遇到需要自己出力的事却躲到一边儿去。

☆ 黄连水洗头——苦脑。

【简析】“苦脑”谐音“苦恼”。

☆ 黄泥掉到裤裆里——不是屎也是屎。

【简析】“屎”有“无能”义。此歇后语比喻有能耐也被认为没能耐。

☆ 黄雀儿[①]的母子[②]——算不了吗儿。

【注释】①黄雀儿（huángqiaor）：黄雀（huángquè）。②母子：圝子（yóuzi），即捉鸟时关在笼子里起引诱作用的鸟。
【简析】用于说明不算一回事，没有什么了不起。

☆ 黄鹰抓住了鹞子的脚——两个都扣了环儿了[①]。

【注释】①扣环儿了：互相缠绕在一起了。
【简析】比喻二人关系极其密切，难以分舍。

☆ 黄鼬[①]给鸡拜年——没安好心。

【注释】①黄鼬：黄鼠狼。
【简析】用于骂某人居心不良。

☆ 黄鼬下[①]耗子——一代不如一代。

【注释】①下：指动物生产。

☆ 会仙居[①]的炒肝儿——没早没晚。

【注释】①会仙居：旧时北京的一个小吃馆。

☆ 浑身膀[①]——不是肿。

【注释】①膀（pāng）：浮肿。
【简析】“肿”与“种”谐音。用于骂别人不是东西。

☆ 浑身贴膏药——到处是毛病。

☆ 火柴盒儿当棺材——盛不了人。

【简析】“盛不了人”谐音“成不了人”。

☆ 火车拉鼻儿[①]——上洋劲。

【注释】①拉鼻儿：鸣笛。
【简析】用于讥讽别人逞强。

☆ 火轮船[①]打哆嗦——浪催的。

【注释】①火轮船：轮船的旧称。
【简析】同“大河里翻船”。

☆ 货郎背包卖货——没挑儿。

【简析】“挑儿”有“挑子”和“挑剔之处”二义，两者双关。用于说无可挑剔之处。

J

☆ 鸡毛过大秤——没分量。

☆ 鸡屎拌面——假卤。

【简析】“卤”与“鲁”谐音。用于指某人假勇猛。

☆ 鸡子儿[①]掉到醋缸里——酸蛋一个。

【注释】①鸡子儿：鸡蛋。
【简析】用于骂某人迂腐。

☆ 鸡子儿掉到油篓里——滑蛋一个！

【简析】用于骂某人油滑。

☆ 鸡子儿抹白矾——涩壳子。

【简析】“涩”与“啬”同音。“啬壳子”，在北京方言里意为“吝啬的人”。此歇后语用于说某人吝啬。

★ 鸡子儿下山——滚蛋。

【简析】用于骂人赶快离开或滚开。

★ 蒺藜[1]拌草[2]——不是好料。

【注释】①蒺藜：一年生草本植物，匍匐在地面上生长，果实硬壳儿上有硬刺。此处指这种植物的果实。②拌草：把铡过的谷草浇水用料面儿搅拌。

【简析】给牲口拌草应该用面。在北京地区，一般是把黑豆炒熟轧成面用来给牲口拌草，因为面遇水能够粘在草上，以哄牲口吃草。此歇后语用于骂人不是好东西。

★ 夹子上的老鼠——跑不了。

【简析】"夹子"，指逮老鼠或鸟的用具，用铁丝做成。用于说某事已经十拿九稳了。

★ 贾家的闺女嫁贾家——贾门贾氏。

【简析】"贾"与"假"、"门"与"模"、"氏"与"式"谐音。用于说别人装模作样。

★ 见了生人叫爷爷——装孙子。

【简析】此歇后语为骂人语。

☆ 姜太公[①]钓鱼——愿者上钩。

【注释】①姜太公：姜尚，姜子牙，周朝人。传说他曾在渭水边上用无饵直钩离水面三尺钓鱼，实为等待明君发现伺机出仕，后果然被周武王委以重任。

【简析】比喻心甘情愿地上当、上圈套。

☆ 耩[①]地不耩横头[②]——耠出去了。

【注释】①耩：用耧播种。②横头（héngtou）：地头儿所耩的横垄儿。

【简析】“耠”与“豁”谐音。用于表示不惜付出任何代价时。

☆ 耩地不用耧——撒种。

【简析】在北京方言里，“撒”与“傻”同音，皆念shǎ。此歇后语用于骂某人是傻东西。

☆ 交民巷的麻雷子——洋爆儿。

【注释】①交民巷：这里指东交民巷，清末被辟为外国驻华使馆区。②麻雷子：一种燃放时声响很大的爆竹。

【简析】用于讥讽推脱、逃避责任。

☆ 脚踩西瓜皮，手里抓把泥——一溜二抹。

【简析】用于讥讽推脱、逃避责任。

☆ 脚底下抹油——溜[1]了。

【注释】①溜：滑动。

【简析】用于说某人偷偷地走掉了。

☆ 脚面水——平蹚。

【简析】“脚面水”，即“将将没脚面的水”，比喻水极浅。水刚没过脚面，可以随意蹚过去。用于说某人可以随意进出某个单位，也用于说某事做起来对于自己来说极其容易而不算一回事。

☆ 脚上的泡——自己走的。

【简析】用于说某人人缘儿不好，办事到处碰壁，完全是由于个人的原因造成的，谁叫自己不会维持人脉跟周围搞好关系呢！

☆ 叫花子[1]办堂会[2]——穷作乐。

【注释】①叫花子：也叫花子、老花子，即乞丐。②堂会：旧时在家里请艺人来举行的演唱会。

☆ 叫花子打狗——穷横。

【简析】乞丐站在门前讨要，主人家的狗一般都会对讨要者“汪汪”叫，但乞丐是不敢打主人家的狗的。所以有此歇后语。

☆ 叫花子拿[1]耧[2]——穷耩。

【注释】①拿：驾驭。②耧：一种条播的农具。

【简析】“耩”与“讲”谐音。此歇后语用于批评某人说起来没完没了或讲究过分。

☆ 叫花子起五更[1]——穷忙。

【注释】①起五更（qǐ wǔjing）：天不亮即起床。

☆ 叫花子送幛子[1]——穷凑份子[2]。

【注释】①幛子：喜幛或挽幛。②份子：份子钱。亲友办红白喜事时所送的礼金。

【简析】用于说某人参与与己无关的事起哄添乱。

☆ 隔[1]着门缝儿吹喇叭——鸣声在外。

【注释】①隔：北京方言念 jiē。

【简析】“鸣”与“名”谐音。用于说某人在外面很有名气。

☆ 隔着门缝儿看人——把人看扁了。

【简析】用于说小瞧人。

☆ 隔着墙扔盒子[1]——飞礼。

【注释】①盒子：此处指点心盒子。

【简析】“飞礼”谐音“非礼”。

☆ 借本儿[1]捞筲[2]——越捞越糟。

【注释】①本儿：本钱。②捞筲（lāoshāo）：指赌博者捞回所输的钱。

【简析】借钱想把所输的钱捞回来，有可能把所借的钱再输进去，形成越来越糟糕的局面。

☆ 金刚钻儿包饺子——好得钻心。

【简析】用于说非常好、特别好。

☆ 金簪儿掉在井里头——有你的只是有你的。

【简析】东西如果是你的，哪怕掉在井里，也能捞上来归你；如果不是你的，到手的东西也会丢掉。

☆ 进口的百灵[1]——哨[2]上了。

【注释】①百灵（bǎiling）：一种小鸟。善鸣叫，是旧时京城人们喜养的鸟。②哨：鸟鸣叫。比喻神聊。

【简析】用于讥讽人海阔天空地闲聊起来了。

☆ 近视眼逮[1]蚂蚱[2]——瞎扑。

【注释】①逮（dǎi）：捉。②蚂蚱（màzha）：蝗虫。

☆ 劲儿的妈打孩子——瞧劲儿吧！

【简析】第一个“劲儿”是虚拟的人名，第二个“劲儿”意为“劲头儿”。用于说看看力量有多大。

☆ 井里的蛤蟆——没见过多大的天儿。

【简析】用于说一个人见闻不广。

☆ 景德镇[①]的小碗儿——好瓷儿。

【注释】①景德镇：中国著名陶瓷生产地。在江西省，有“瓷都”之称。

【简析】“瓷”与“词”谐音。此歇后语用于指说话受听，或文章用词巧妙。

☆ 景山办事——后门进杆子。

【简析】崇祯皇帝曾吊死在景山。“办事”，指办红白喜事。“后门”，指地安门。“进杆子”，指运进搭棚用的竹木杆子。此歇后语暗中指斥某人办事情走后门儿。

☆ 揪着胡子过河——牵须过渡。

【简析】“牵须”与“谦虚”谐音，“过渡”与“过度”谐音。用于说某人过于谦虚（常用于玩笑）。

☆ 九天庙的和尚——那是自然。

【简析】京城不见有九天庙的记载，疑为民间“九天玄女庙”之省说。“那是自然”，常用于对话时的接应语。意思是，自然是那样做。

☆ 旧皇历[①]——看不得。

【注释】①皇历：也作“黄历”。旧指历书。

【简析】用于指一些过时的规矩、经验、办法不能用于现在。

☆ 锔[①]碗儿的戴眼镜儿——没碴儿找碴儿。

【注释】①锔（jū）：用锔子把陶瓷器皿的裂缝固定住，使其不致裂开。

【简析】用于说某人寻衅滋事。

K

☆ 开封府的包公——铁面无私。

【简析】用于说某人办事铁面无私。

☆ 开水浇坟——沏祖。

【简析】"沏"与"欺"谐音。用于说败坏上辈人打下的基业，做对不起祖上的事。

☆ 看病先生开棺材铺——死活都要钱。

【简析】用于说无论如何都要钱。

☆ 看《三国》[①]，掉眼泪儿——替古人担忧[②]。

【注释】①三国：指明代长篇小说《三国演义》。②担忧：担心，忧虑。

【简析】用于讥讽某人操心思虑跟自己无关的事情。

☆ 可着[1]屁股裁褯子[2]——一下儿了事[3]。

【注释】①可着：根据其大小。②褯子（jièzi）：婴儿尿布。③了事（liǎoshì）：完结；结束。

【简析】用于说一下子用完，不留富余。

☆ 孔夫子搬家——净[1]是书。

【注释】①净：A. 都，全。B. 总是。

【简析】“书”与“输”谐音。用于说赌博、玩牌戏、比赛等总是输给别人 。

☆ 孔子门前卖字画儿——假充善人。

☆ 口北[1]的蝍蟟[2]——冷声冷气。

【注释】①口北：指古北口以北。②蝍蟟（jīliào）：一种大的蝉，体黑色。

【简析】用于形容某人说话多讽刺挖苦，阴阳怪气。有时，也用于在寂静的环境中某人突然毫无表情地大声表明一种态度。

☆ 裤腿儿里的屁——两岔子。

【简析】用于指说的不是一回事，或没有走到一条路上去。

☆ 筷子敲擀面杖——打光棍儿。

【简析】用于说某成年男子尚未结婚，过着单身的生活。

L

☆ 拉碾子、拉磨的牲口戴捂眼儿[①]——瞎转悠。

【注释】①捂眼儿：牲口拉碾子磨时，为防止它转圈儿晕眩，给戴的蒙眼的布制品。

【简析】用于说毫无目的地游逛。

☆ 拉屎攥拳头——暗使劲儿。

【简析】用于说毫不声张地暗中努力、加油，以使自己或己方不被落下，或者超越他人或对方。

☆ 腊月[①]的萝卜——冻心儿了。

【注释】①腊月：农历十二月。

【简析】"冻"与"动"谐音。用于指某人见状产生了某种动机、欲望。

☆ 腊月初八打冰块——要的是这股冷劲儿。

【简析】"冷"与"愣"谐音。旧时，每到数九寒冬开冰窖者都要雇人从河湖中打冰块贮存于冰窖，为次年夏天卖给冰

镇食物的、做冷食冷饮的用。此歇后语用于说需要突然的愣劲儿、猛劲。

☆ 腊月二十三供[1]糖瓜儿——花钱堵神嘴。

【注释】①供：给神佛或逝去的尊长摆放供品。

【简析】腊月二十三为旧历小年儿。据说，灶王爷在这一天要回天宫向玉皇大帝汇报人间的事情。人们为了把灶王爷的嘴堵上，便在这一天给灶王爷买糖瓜儿吃。灶王爷的牙被糖瓜儿粘住了，到天上以后就不好在玉皇大帝面前说人间的坏话了。此歇后语用于说通过送礼贿赂使别人别说对自己不利的话。

☆ 腊月三十打兔子——有你过年，没你也过年。

【简析】用于说你不是唯一的依靠，离了你照样行。

☆ 腊月生日——冻手冻脚儿的。

【简析】"冻"与"动"谐音。腊月天气严寒，人容易冻手冻脚。用于指斥别人不应该触摸。

☆ 癞蛤蟆[1]落在脚上——不咬人恶心人。

【注释】①癞蛤蟆：又叫"疥蛤蟆"，即蟾蜍。

【简析】用于说某人或某事对人没有大的伤害，但叫人心里不舒服。

★ 癞蛤蟆想吃天鹅[1]肉——妄想扒高[2]。

【注释】①天鹅：一种鸟。外形较大，善于飞翔。②扒高：攀高。

【简析】比喻做非分之想。多用于讥讽条件极差的男子想找条件比自己好得多的女子为妻。

★ 懒驴上磨——屎尿多。

【简析】用于讥讽某人在开始做事之前又这事又那事的。

★ 懒老婆的裹脚[1]——又长又臭。

【注释】①裹脚（guǒjiao）：裹脚布。

【简析】用于形容某人的文章冗长而内容空洞。

★ 老包[1]的儿子——拧[2]种。

【注释】①老包：也称“包公”，即包拯（999—1062），北宋政治家。他的事迹在民间流传甚广，在戏曲、小说中被描绘成铁面无私的清官典型。②拧（nìng）：固执，任性。

【简析】用于骂人固执（常用于母亲昵骂儿子）。

★ 老包房征税——一辈接一辈。

【简析】用于说事情没完没了。

☆ 老[1]儿子娶了媳妇儿——完事大吉。

【注释】①老：排行最小的。

【简析】用于说事情办妥了。

☆ 老房子着火——不好救。

【简析】用于说事情不好挽救。

☆ 老鸹落在猪身上——看见别人黑，看不见自己黑。

【简析】用于说某人在指责别人的不是时不知道自己也存在相同的缺点或问题。

☆ 老鸹头上插鸡毛——假装凤凰。

【简析】用于讥讽某人不怎么样却要装得很好。

☆ 老耗子——红眼儿了。

【简析】用于形容为争夺某种东西或某个职位急了。

☆ 老和尚化缘[1]——多多益善。

【注释】①化缘：僧人求布施。

【简析】用于说越多越好。

☆ 老和尚看嫁妆——下辈子见了。

【简析】用于说再也不愿意做这样的事了，再也不愿意和某人交往了，或指这辈子不会有指望了。

☆ 老虎吃蚂蚱——碎摡搂。

【简析】“摡搂”（gáilou）有三义：1. 零碎地捡拾。2. 零碎地偷拿。3. 零碎地乱吃。此歇后语用于说领导者不抓大事而净胡乱地抓小事，也用于说某人零散地偷窃。

☆ 老虎戴念珠儿[①]——假充善人。

【注释】①念珠儿：也叫“数珠儿”。佛教徒诵经时用来计算次数的成串的珠子。

【简析】用于比喻恶人冒充善人。

☆ 老虎拉车——谁赶？

【简析】“赶”与“敢”谐音。用于说没有人敢（做某事）。

☆ 老虎拉碾子[①]——甭听那一套！

【注释】①碾子：把谷物碾成面或去掉皮的石磙。

☆ 老虎的屁股——摸不得。

☆ 老虎驮[1]大圣[2]——让猴儿耍[3]了。

【注释】①驮（tuó）：用背部承载。②大圣：孙大圣，即孙悟空，绰号“孙猴儿”。③耍：耍弄；戏弄。

【简析】用于说受了某人的骗，上了某人的当。

☆ 老花子打跟头——穷折腾。

☆ 老花子的衣服——破破烂烂。

☆ 老花子说相声儿——耍贫嘴。

☆ 老皇历——看不得。

【简析】同“旧皇历”。

☆ 老黄瓜刷绿漆——装嫩。

【简析】黄瓜老了以后颜色由绿变黄。用于说某人假装年轻（多用于女性）。

☆ 老九的弟弟——老十。

【简析】“十”与“实”谐音。用于说某人特别老实。

☆ 老驴打滚儿——翻不过身儿来。

【简析】用于说不能改变目前不利的处境。

☆ 老妈子[①]哄的孩子——人家的。

【注释】①老妈子：旧指年龄较大的女仆。

【简析】用于说某人使用的或在某人手中的东西不是他自己的。

☆ 老妈子坐飞机——抖起来了。

【简析】用于说某人因为有了钱或有了地位而有了势力，阔气、威风起来了。

☆ 老母猪吃柳条子下笊篱——肚子里编。

【简析】同“吃铁丝儿拉笊篱”。

☆ 老母猪做盖垫儿[①]——瞎编。

【注释】①盖垫儿：用箭杆儿做的平盘，用来盖盆子、瓦罐、缸、锅等，也用来放包好的饺子。

【简析】用于说某人胡编乱造。

☆ 老母猪进了粮食店——足吃足喝。

【简析】用于说放开了吃喝。

☆ 老牛的肚子——草包。

【简析】用于说某人无能。

☆ 老牛拴小牛在车后尾巴儿[①]上——带犊儿。

【注释】①后尾巴儿（hòuyǐbár）：最后端。

【简析】用于说某人是母亲改嫁所带来的孩子。旧时陋俗，既歧视改嫁妇女，也歧视她所带过来的孩子。

☆ 老寿星[①]的脑袋——宝贝蛋。

【注释】①老寿星：也叫“寿星老儿”，即老人星。自古以来，老人星被人们当作长寿的象征，称为“寿星”。民间把他画或塑成老人的样子，手握拐杖，头又光又亮，额长而隆起，面飘长髯。

【简析】用于说被某人当宝贝的人或物品。

☆ 老鼠拉木锨[①]——大头儿在后头。

【注释】①木锨（mùxian）：一种木制农具。前端为长方片状，后有一个长柄，主要用来铲东西。

☆ 老太太[①]吃柿子——嘬瘪子。

【注释】①老太太：老年妇女。

【简析】用于比喻某人处于尴尬窘迫、束手无策的为难境地。

☆ 老太太的脚——窝囊[①]一辈子。

【注释】①窝囊：怯懦，无能。此处指受委屈。

【简析】旧时，女人要裹脚，虽然民国以后提倡天足，但在农村一直到1949年依然有给女孩子裹脚的情况，所以不少老太太都有这种痛苦的经历。用于说某人一辈子不能出人头地，施展才能。

★ 老太太的尿盆儿——挨滋儿的货！

【简析】作为“喷射”义的“滋”和作为“训斥”义的“呲”，口语中均念cī，并可儿化。用于说某人天生是经常遭受训斥的家伙。

★ 老太太过年——一年不如一年。

【简析】用于说状况或境况越来越不好。

★ 老太太喝粥——好吸。

【简析】“好吸（hàoxī）”与“好喜（hàoxi）”谐音。用于说喜欢做某事。

★ 老太太买柿子——专[①]拣[②]软的捏。

【注释】①专：只。②拣：挑选。
【简析】用于说专欺负性格懦弱的老实人。

★ 老太太上不去炕——掬[①]。

【注释】①掬：用手托起重物。
【简析】“掬”谐音“粥”。

★ 老太太上鸡窝——奔蛋。

【简析】同“长虫钻鸡笼”。

★ 老太太坐牛车——稳稳当当。

★ 老王卖瓜——自卖自夸。

【简析】用于说某人自我吹嘘。

★ 老西儿①拉胡琴儿——自顾自。

【注释】①老西儿：旧时北京人对山西人的称呼。

【简析】“自顾自”，指模拟不高明的胡琴声。用于说某人只顾自己，不管别人。

★ 老丈母娘①待②姑爷③——实对实。

【注释】①老丈母娘：丈母娘，即岳母。②待：对待；招待。③姑爷：岳家称女儿的丈夫。

【简析】用于说诚实相待。

★ 垒墙的砖——后来居上。

★ 李自成①进北京——好景不长。

【注释】①李自成（1606—1645）：明末农民起义军领袖，陕西米脂人。1644 年，在西安建立大顺政权，同年打进北京，明朝灭亡。后在明山海关守将吴三桂勾结清军联合进攻下失利，很快又退出北京。1645年，死于湖北。

☆ 理发师的徒弟——从头学起。

【简析】用于说从头儿开始学。

☆ 力巴儿[1]赶车——翻儿了。

【注释】①力巴儿：外行的人；没有掌握某种技艺的人（与“行家”相对）。

【简析】“翻”含“翻车”“翻脸”二义。此歇后语用于说某人翻脸了。

☆ 俩耳的罐子——抡了。

【简析】“抡”（lūn）有二义：1. 挥甩（东西）。2. 比喻胡乱挥霍（钱财）。此歇后语用于说某人不好好过日子，只是不管不顾地乱挥霍财物。

☆ 俩“山”字儿摞一块儿——请出。

【简析】用于赶别人出去。

☆ 帘子[1]脸——吧嗒[2]掉下来了。

【注释】①帘子：用布、竹子、苇秆儿、谷稻草等做的门窗遮蔽物。②吧嗒（bādā）：拟声词。物体掉下的声音。

【简析】用于说某人突然生气变脸。

☆ 凉白开[1]沏茶——没味儿。

【注释】①凉白开：已经放凉的白开水。

【简析】茶叶中的有效成分只有用热开水冲泡才能溶于水中，使水变得有味道。用凉开水沏茶，不能使茶叶中的有效成分溶解，所以茶水没味儿。此歇后语多用于指没有动人处。

☆ 凉锅贴饼子——蔫出溜儿。

【简析】做贴饼子的方法是：在锅中放入适量的水，把锅烧热，然后在锅帮上贴上生面饼子，蒸烤一定时间后就熟。如果锅不热就往锅帮上贴饼子，饼子就贴不住，容易往下滑。此歇后语用于说别人偷偷儿走掉。

☆ 粮食店搬家——斗是你的。

【简析】“斗”与“都”谐音。“都是你的”有多个意义，直接义为“所有东西没有别人的”。此歇后语常用于讥讽某人想处处占先。

☆ 两个和尚打架——抓不到辫子。

【简析】用于说某人没有把柄可抓。

☆ 两个哑巴见面儿——不能说。

☆ 两个哑巴亲嘴儿——好的没法儿说。

【简析】用于说二人关系极好。

☆ 两股道儿跑的车——走的不是一条路。

【简析】用于说双方选择的道路不同。

☆ 咧嘴儿的石榴——净是红点子。

【简析】用于说某人处事高明，好主意、好办法多。

☆ 刘备摔阿斗[①]——邀买[②]人心。

【注释】①阿斗：三国蜀后主刘禅小名，刘备之子。其人庸碌无能，刘备曾把他托与诸葛亮辅佐。②邀买：收买。

☆ 刘姥姥[①]进大观园[②]——眼花缭乱。

【注释】①刘姥姥：清代小说《红楼梦》中的一个人物，农村老太太形象。②大观园：小说《红楼梦》中在荣府花园基础上扩建的元妃省亲别院，是宝玉和诸姐妹的主要活动场所，有各种各样讲究的陈设。

☆ 刘妈妈遇到刘麻子——差多点儿。

【简析】用于说情况或水平差得多。

☆ 刘玄德[①]叫门——备到家了。

【注释】①刘玄德：刘备（161—223），字玄德，三国时期蜀汉的建立者。

【简析】“备”与“背”谐音。用于赌博时说手气非常不

好，或日常生活中时运不佳。

☆ 六里屯的把式——光说不练。

【简析】现在常说“天桥儿把式”。

☆ 六必居[1]的抹布[2]——酸甜苦辣都尝过。

【注释】①六必居：北京一个著名酱菜园，已有四百余年历史，在大栅栏东口以南的煤市街上。②抹布（mābù）：擦器物用的布块儿。

【简析】用于说明一个人经历过艰难困苦，生活的道路不平坦。

☆ 六月的韭菜——贱货。

【简析】一进入夏季，各种蔬菜多了，而韭菜却到了所谓“臭韭菜，烂根子”的时候，没人要了。此歇后语用于骂人（多用于骂孩子）。

☆ 六月穿皮袄——烧包。

【简析】用于说某人由于有了钱就头脑发热、忘乎所以，胡花乱花。

☆ 六月天，下暴雨——猛一阵子。

【简析】用于比喻某事很快就过去。

☆ 六指挠痒痒——多一道子。

【简析】用于说多了一道手续。

☆ 聋子耳朵——摆饰[①]。

【注释】①摆饰：摆设，室内桌案等上面的陈设物。
【简析】用于说某人只在一旁作陪衬，不起什么作用。

☆ 聋子放炮——散了。

【简析】聋子放炮仗听不到声音，只能看到炮纸被崩散。用于泛指。

☆ 聋子拉胡琴儿——瞎扯。

【简析】用于说别人胡说。

☆ 笼子里的鸟儿——有翅难飞。

【简析】用于说某人有才能无处施展，即英雄无用武之地。

☆ 搂草[①]打兔子[②]——捎带手儿[③]的事。

【注释】①搂草：用筢子把野地里的干草聚拢到一起，以便弄回家去烧火等。②打兔子：用猎枪捕猎野兔。③捎带手儿：顺便。
【简析】用于说做某事是顺便来做，不是专门来做此事。

★ 卢沟桥[1]的狮子——数不清。

【注释】①卢沟桥：北京跨永定河上的一座石造联拱古桥。

【简析】卢沟桥石栏上雕刻的狮子现已被数清，大小共计 485 个。

★ 卤煮的寒鸦儿[1]——肉烂嘴不烂。

【注释】①寒鸦儿：也叫小山老鸹，一种体形甚小的鸟。

【简析】用于形容一个人嘴硬。

★ 驴粪球儿——外面儿光。

【简析】比喻其人表面上聪明，实际上却很笨（常用于对某青少年的评价）。

★ 罗锅儿[1]立正[2]——直不了。

【注释】①罗锅儿：驼背。②立正：军事或体操口令。命令队伍或个人在原地站直站好。

【简析】此歇后语用于泛指。

★ 罗锅儿让汽车轧了——死也直了。

【简析】“直”与“值”谐音。意思是，死也够本儿了。

★ 罗锅儿上山——前紧。

【简析】“紧”是“松紧”义的“紧”，与“前”一起用，“前紧”与“钱紧”谐音。用于指经济拮据，缺钱。

★ 骆驼的脖子仙鹤[①]的腿——各有所长。

【注释】①仙鹤（xiānháo）：丹顶鹤。
【简析】用于比喻每个人有每个人的长处。

★ 骆驼打哈欠——扭过脖儿去了。

【简析】用于说某人不高兴搭理别人时把脸扭过去了。

★ 骆驼蹬蹄——没救儿了。

【简析】用于说事情已经没有挽回的余地或只有等死了。

★ 骆驼尿尿[①]——后潲[②]儿。

【注释】①尿尿：音 niào suī。②潲（shào）：水滴斜射。
【简析】“潲”与“捎（shào）”谐音。“捎”，指稍微向后倒退（多指骡马等）。用于说此项好处没有你的份儿，你后退一步。

★ 骆驼上车——就这么一个乐儿了。

【简析】骆驼一生为人辛苦驮物，只有一次上车机会，就是拉宰杀场去挨宰，所以“上车”成了最后一个乐儿了。用于说自己只有这么一个乐趣了（老年人常用）。

★ 骆驼下骡子——怪种儿。

【简析】用于骂行为不正常的人。

M

☆ 麻袋里装钉子——露头儿了。

【简析】用于说某人在某方面已经崭露头角。

☆ 麻袋上绣花儿——底子太差。

【简析】用于说某人某方面基础不好。

☆ 麻秸棍儿打狼——两头儿害怕。

【简析】麻秸棍儿轻飘不结实，用它打狼只是给自己壮胆儿，实际上不起真正的作用；狼只是看到是根棍子，并不知道这根棍子不起作用，所以说是两头儿害怕。此歇后语用于说矛盾争斗的双方均对对方有所顾忌、恐惧。

☆ 麻绳儿潲[①]水——紧上加紧。

【注释】①潲（shào）：洒；蘸。

【简析】多用于事情上的泛指。

☆ 麻子不叫麻子——坑人。

【简析】用于说某人坑害人。

☆ 麻子敲门——坑人到家了。

【简析】用于说把人坑害苦了。

☆ 麻子在大会上讲话——群众观点。

☆ 马褂儿①改坎肩儿②——就搭材料儿。

【注释】①马褂儿：旧时男子穿在长袍外面的短褂，多为黑色，原是满族骑马时所穿的服装。②坎肩儿：夹的、棉的或毛的不带袖子的上衣。

【简析】同“粪叉子改挠钩”。

☆ 马勺①上的苍蝇——混口饭吃。

【注释】①马勺：木制的饭勺。

【简析】用于说工作只是为了维持生活，跟理想、信仰、政治态度没有关系。

☆ 马尾儿①穿②豆腐——提不起来了。

【注释】①马尾儿（mǎyǐr）：马尾巴上的长毛。②穿：用线或细绳把物品从里边连贯起来。

【简析】用于说自己不值一提。

☆ 蚂蚁搬泰山[1]——没那么容易！

【注释】①泰山：五岳之一。在山东省中部，山势峻拔，多名胜古迹。历史上，泰山一直被认为是中国高山的代表。

☆ 蚂蚱过车道——挡不住大车[1]。

【注释】①大车：牲口拉的两轮农用车。
【简析】用于说无权无势者不能跟势力大者对抗。

☆ 买鼻烟不闻——装着玩儿。

【简析】用于斥责某人对某事佯装不知或假装糊涂。

☆ 麦莛儿[1]吹火——小气儿。

【注释】①莛儿（tíngr）：麦子、高粱秸秆儿紧挨穗子的一段儿。
【简析】用于讥讽某人不大方。

☆ 麦芒儿[1]掉在针鼻儿里——碰巧了。

【注释】①麦芒儿（màiwángr）：麦子籽实外壳儿上的针状物。

☆ 卖不了的秫秸[1]——戳起来了。

【注释】①秫秸：高粱秸。
【简析】高粱收割后，高粱秸按顺序捆成一捆一捆的（捆好的秫秸俗称“秫秸个子”)。在集市售卖时，为了招徕买者，常把秫秸个子戳立在地上。此歇后语用于说什么也不干，站在那儿干待着。

★ 卖布的不带尺——胡扯！

【简析】卖布者根据买者要多少布先用尺量好后再扯给买者，不用尺量好就扯当然是胡扯。用于指斥某人胡说八道。

★ 卖甲鱼[①]的抖搂[②]口袋——到底还是你！

【注释】①甲鱼（jiàyú）：学名鳖。又俗称“王八”。②抖搂（dǒulou）：用手握住布、衣、被等的一端，用力使其振动，使附着在上面的灰尘碎屑落下来。

【简析】用于熟人间的俏皮话儿。意思是，你是王八。

★ 卖煎饼的赔本儿——摊大了。

【简析】“摊大了”谐音“贪大了”。

★ 卖了宅基地打滚儿——热土难离。

【简析】用于说不愿意迁离本乡本土到外地去。

★ 卖麻花儿的不带干粮——吃货！

【简析】用于指斥某人无用。

☆ 卖切糕的回家——一切一切都完了。

【简析】做成的切糕为平摊在一块板子上的一大块，然后一块一块地切着卖，切完了就是卖完了。此歇后语用于说什么都完了，已经没有了任何挽回的余地。“切”为多音字，阴平、去声两读。

☆ 卖砂锅的砸砂锅——赔本儿图痛快。

☆ 卖山里红[①]的——就剩一挂了。

【注释】①山里红：山楂。

【简析】旧时，京城庙会上卖山里红的把山里红用线穿成串挂在脖子上或胳膊上叫卖，甭管还有多少挂山里红，叫卖时总是喊“买山里红吧，就剩这一挂啦”。一挂山里红的“挂”与褂子的“褂”谐音。此歇后语常用于讥讽熟悉的朋友多日不换洗衣服：你是不是就这一件衣服啦？有时也用于自嘲，说自己穿的肋腻是因经济窘困，无以制备更多服装。

☆ 卖山里红的说祟[①]——一袍一挂。

【注释】①说祟：说鬼话，说谎话。

【简析】同“卖山里红的”。

☆ 卖烧饼的不带干粮——吃货。

【简析】同“卖麻花儿的不带干粮”。

☆ 卖炭的打鼓——有货。

【简析】旧时，京城市民用炭为煤火炉引火，有的用炭取暖，而走街串巷卖炭的则以鼓声招徕买者，炭卖完了当然就不打鼓了。此歇后语用于说某人有一定的文化知识。

☆ 卖瓦盆儿的——一套一套儿的。

【简析】同“砂锅村儿的”。

☆ 卖血豆腐[①]的摔跟头——倒了血没了。

【注释】①血豆腐：一种食品。将猪或羊血熬凝固后切成豆腐块儿状，故名血豆腐。

【简析】“没”与“霉”谐音。“倒了血霉了”，即倒了大霉了。

☆ 卖羊肚儿[①]的回家——留命喝汤。

【注释】①羊肚儿（yángdǔr）：煮熟作为食品的羊的胃。

【简析】用于说自己不白送命。

☆ 卖羊头肉的回家——没有细盐[①]。

【注释】①细盐：A. 加工盐。B. 盐面儿。

【简析】卖羊头肉的常为顾客在肉上撒上些花椒盐儿（此处的细盐即指此）。“细盐”与“戏言”谐音。此歇后语用于说说话算数儿，没有空话、玩笑话。

☆ 卖淫女唱窑调[1]——浪声浪气。

【注释】①窑调：旧时妓院流行的唱曲儿。

【简析】此歇后语用于骂某女人说话的声音显得作风不正派。

☆ 卖鱼的摸浅子[1]——抓虾。

【注释】①浅子：一种盛器。用箭杆儿或柳条儿等编成，因帮儿矮，故名。

【简析】“抓虾”谐音“抓瞎”。用于说慌乱着急、不知所措。

☆ 满天刷糨子[1]——糊云！

【注释】①糨子：糨糊。

【简析】“云”有二义：1. 云彩。2. 说。“糊云”与“胡云”谐音。用于斥责某人胡说八道，随意乱说。

☆ 猫不吃耗子——假斯文。

☆ 猫端屎盆子——给狗帮忙！

【简析】用于说帮了坏人的忙。

☆ 猫哭耗子——假慈悲。

【简析】猫是耗子的天敌，所以猫哭耗子是假的。用于说某人假仁假义。

☆ 猫儿咬尿泡[1]——干喜欢。

【注释】①尿泡（suīpao）：膀胱。
【简析】用于说白高兴一场。

☆ 猫卧房脊上——活兽。

【简析】房脊上的“兽”是建筑物的装饰物，而猫卧在上边当然是“活兽”。“活兽”与“活受”谐音。“活受”是“活受罪”的简说。

☆ 猫爪子伸进鱼缸里——想捞一把。

☆ 毛驴儿[1]碰上狼羔子——四腿儿发软。

【注释】①毛驴儿：身体矮小的一种驴。
【简析】用于说某人因懦弱而害怕厉害的人。

☆ 茅房里扔炸弹——激起公粪。

【简析】“公粪”与“公愤”谐音。用于说某种做法或行为引起众人的不满。

☆ 茅坑儿[1]里的石头——又臭又硬。

【注释】①茅坑儿：旧式厕所的便坑。
【简析】用于说某人名声又坏又顽固。

★ 没眼儿[①]的猪——瞎嘞嘞[②]。

【注释】①眼儿：眼睛。②嘞嘞（lēle）：猪的哼哼声。

【简析】用于指斥某人胡说八道。

★ 梅兰芳[①]唱《霸王别姬》——拿手好戏。

【注释】①梅兰芳（1894—1961）：著名京剧表演艺术家，四大名旦之一。原籍江苏泰州，生于北京京剧世家，七岁学戏，九岁登台。在多年的艺术实践中，逐渐形成了具有独特风格的梅派表演艺术，并在国内外享有极高的声誉。

★ 梅香[①]拜把子[②]——都是奴才。

【注释】①梅香：旧时富有之家中使用的奴婢多取名“梅”或“香”。②拜把子：通过结拜以兄弟姐妹关系相称、相处。

【简析】比喻双方半斤八两，身份都不怎么高贵。

★ 媒人说媒——净拣好的方面儿说。

★ 煤铺掌柜的[①]——赚黑钱。

【注释】①掌柜的：旧时对商店老板或管理商店的人的称呼。有时，也用于尊称摆摊儿的小贩。

★ 煤市[①]卖劈柴[②]——两就合[③]。

【注释】①煤市：卖煤炭的集市。今北京煤市大街即源于此。②劈柴（pǐchai）：木头劈成的碎木块，常用作生煤火炉子的引燃物。③就合：凑合，迁就。

☆ 门缝儿里看人——把人看扁了。

【简析】用于说某人小瞧人。

☆ 门神像里卷灶神像——画里有画。

【简析】“画里有画”谐音“话里有话”。

☆ 门头沟[①]打官司——煤事儿。

【注释】①门头沟：北京城西南的一个区，多山地，是北京地区的一个重要的产煤地。
【简析】“煤事儿”谐音“没事儿”。

☆ 门头沟的财主——窑头儿。

【简析】“窑”与“摇”谐音。“摇头儿”，表示不同意、不以为然，或是一种病态的表现。

☆ 蒙被货[①]放屁——独吞。

【注释】①被货：被子。
【简析】用于说将多人应该得到的东西一人独自占有。

☆ 蒙被货放屁——闻捂双全。

【简析】“闻捂”与“文武”谐音。

★ 面肥[①]掉在肉锅里——荤啦！

【注释】①面肥：也叫“面酵子”，简称“酵子”。内含大量酵母，发面时用来引起发酵的面块儿。

【简析】北京方言“荤”与“混”同音，用于说某人不明事理。

★ 妙峰山[①]的灯笼——高明。

【注释】①妙峰山：北京西山高峰之一。山中林木葱郁，有多座寺庙。

【简析】用于说某人的主意好或技艺高。

★ 妙峰山的娘娘[①]——罩[②]远不罩近。

【注释】①娘娘：女神。②罩：庇佑。

【简析】“罩”与“照”谐音。此歇后语用于说某人只知道照顾关系远的人，而自己的亲人或关系近的人却不懂得照顾。

★ 庙里着火——慌神儿了。

【简析】也说“五道庙儿着火”。“神儿”有“神明”和“心神”二双关义。用于形容某人因某事沉不住气着急了，心慌意乱了。

★ 庙前的旗杆——光棍儿一根儿。

【简析】指某个男子是单身汉。

☆ 茉莉花喂骆驼——不挡戗[1]。

【注释】①挡戗（dǎngqiàng）：管事，顶事。

【简析】用于说不顶什么事，不起什么作用。

☆ 磨道[1]里转圈儿——没头没尾。

【注释】①磨道：在磨坊磨面时围绕磨盘所走的道路。

☆ 磨道驴——听[1]喝[2]。

【注释】①听：听从。②喝：吆喝。

【简析】用于说自己做不了任何主儿，只是被动地听别人支使，别人叫干什么就干什么。

☆ 木棍儿钉在墙上——大小也是个橛儿。

【简析】“橛儿”与“爵儿”谐音。用于说大小也是个官儿（领导）。

☆ 木匠吊线[1]——睁一只眼，闭一只眼。

【注释】①吊线：指木匠做木工活时举起墨斗用一只眼看垂直墨线取直。

【简析】用于说不必过于认真，能放过就放过。

☆ 木匠吊线儿——得往长里看。

【简析】用于告诉别人做事情应该看得长远一些。

☆ 木匠拉大锯——有来有去。

【简析】拉大锯时，须二人相对一来一往地拉。用于说双方礼尚往来。

☆ 木棱鱼儿[①]改梆子[②]——挨揍[③]的木头。

【注释】①木棱鱼儿：木鱼。②梆子：用来敲击的响器，掏空一段儿枣木做成。③揍：打。

【简析】用于说人欠打（多用于男孩儿）。

☆ 木桶倒甲鱼——到底是你！

【简析】同“卖甲鱼的抖搂口袋”。

☆ 木头眼镜儿——看不透你。

【简析】用于说看不出你有何本事，表示瞧不起对方。

N

☆ 拿腰刀进火房子[①]——不杀穷人没饭吃。

【注释】①火房子：旧时一种供社会底层卖苦力者或流民、乞丐寄寓的简易客店。客店不提供被褥，住客也常常缺少御寒衣物，所以客店以日夜不灭的旺火供住客取暖，故称这种客店为火房子。

【简析】用于说某人靠坑害穷人过活。

☆ 奶茶铺的炕——狭长。

【简析】奶茶铺的炕不是供睡觉或躺着的，而是供茶客坐着喝茶的，所以长条形的一条炕可以并排坐很多人。

☆ 奶妈子[①]哄的孩子——人家的。

【注释】①奶妈子：旧时受雇于人为别家奶孩子的少妇。

【简析】同“老妈子哄的孩子”。

☆ 男人哭丧不掉泪——干嚎。

【简析】用于比喻某人光说空话而不干实事。

☆ 南来的燕儿，北去的鸟儿——早晚都得飞。

【简析】用于说某人留不住，离开是早晚的事。

☆ 南西门[①]的姑娘——菜虎子[②]。

【注释】①南西门：右安门的旧称。②菜虎子：特别能吃菜的人。

【简析】旧时，右安门一带菜农很多，自然人们每天的饮食中蔬菜的比例就比较大。此歇后语用于形容某人或某些人在宴席上吃很多菜肴。

☆ 南西门的西瓜——籽儿多，皮青。

【简析】比喻人心计虽多却是个青皮（无赖）。

☆ 脑袋上刷糨子——糊涂到顶。

【简析】用于形容某人极其糊涂。

☆ 脑瓜顶儿[①]长疮，脚后跟[②]流脓——坏透了。

【注释】①脑瓜顶儿：头顶。②脚后跟：脚跟。

【简析】用于说某人极坏。

☆ 泥捏的老虎——样子凶。

【简析】用于说某人表面上凶狠，实际上并不可怕。

☆ 泥菩萨过河——自身难保。

【简析】用于说自己尚且保护不了自己，更不要说保护别人了。

☆ 泥儿匠不拜佛——知道老底。

【简析】寺庙里的神佛像是由泥匠塑的，他们知道那些神佛是怎么回事，所以他们习惯上不在神佛像前叩拜。用于说知道别人不光彩的历史。

☆ 泥瓦匠砌墙——两面三刀。

【简析】用于说某人处事作风不正，经常耍两面手法。

☆ 你去南极我去北极——各走一端。

☆ 你有秤杆儿我有砣——配得起你。

☆ 年糕掉到粥锅里——糊涂到姥姥家了。

【简析】用于形容某人糊涂至极。

☆ 尿憋子[②]打酒——差壶了。

【注释】①尿憋子：也叫“夜壶”，即男子用的便壶。陶制，圆球形，侧上方有一圆眼儿。

【简析】“差壶”，比喻义为不对头、错误。尿壶不能用作酒壶打酒，所以说差壶了。此歇后语用于说某人把两件事情弄颠倒了。

☆ 尿憋子镶金边儿——嘴儿好。

【简析】用于指某人只会花言巧语耍嘴皮子。

☆ 尿尿打冷战——抽不冷子。

【简析】用于说趁别人不注意突然做某事。

☆ 牛背上放马鞍——乱了套了。

☆ 牛鼻子插大葱——装象。

【简析】“象”与“相”谐音。用于说某人装腔作势。

☆ 牛鼻子穿环儿——让人牵着走。

【简析】用于说某人没有主见，不能独立思考和处理问题，说话办事完全听命于人。

☆ **牛追兔子——有劲儿使不上。**

☆ **暖鸡坊[①]掌柜的——倒蛋。**

【注释】①暖鸡坊：旧指商业性的孵鸡场所。

【简析】孵鸡的鸡蛋放到炕上以后，中间得倒几次，把不能孵小鸡的蛋（多数是没有受精卵的）剔出。“倒”与“捣”谐音。此歇后语用于骂人扰乱正事。

P

☆ 趴着拉屎——没劲!

【简析】用于说某人的话没有意义、没有作用，属于废话。

☆ 盘山路上开车——得善于转弯儿。

☆ 螃蟹拉车——使横劲。

【简析】用于说某人干活儿净使笨劲，不会使巧劲儿。

☆ 披着蓑衣[1]啃[2]麻饼[3]——穿不像穿，吃不像吃。

【注释】①蓑衣（suōyī）：用草编成的披在身上的防雨用具。②啃：吃力地往下咬。③麻饼：用花生榨油留下来的渣饼。因榨油时在碎花生上垫很多麻劈子，所以饼上也粘上很多麻，故名。

【简析】用于说所穿的、所吃的都极其差。

☆ 披着蓑衣啃麻饼——看看吃、看看穿啊!

【简析】用于提醒自己的孩子。意思是，我们的生活水平已经很差，应该自知而不要浑浑噩噩地生活或盲目乐观。

★ 皮带不打眼儿——系不住。

【简析】“系”与“记”谐音。用于说留在脑中的印象不能长久。

★ 屁股后头作揖[①]——不领情[②]。

【注释】①作揖（zuōyī）：两手抱拳高拱，上下摇动，表示敬礼。②领情：接受礼物或好意而心生感激。

★ 屁股眼儿拔罐子——嘬屎。

【简析】“嘬屎（zuōshǐ）”与“作死（zuōsǐ）”谐音。用于骂某人找死。

★ 平则门[①]下关——煤市儿。

【注释】①平则门（píngzemén）：旧指阜成门。
【简析】“煤市儿”谐音“没事儿”。

★ 破表——没准儿。

【简析】用于说某人做事没有准头儿。

☆ 破空竹——抖不起来了。

【简析】“抖起来了”二义双关：一为振动、甩动起来了；一为神气、威风起来了。此歇后语用于说某人已经失势，或某个家庭已经败落，再也没有了往日的神气与威风。

☆ 破鞋——甭提啦！

【简析】此歇后语用“提”的双关义，用于说某事情不值得再提起。

☆ 铺衬①底子②——干填儿。

【注释】①铺衬（pūchen）：碎布块儿。可用作补衣服的补丁或用来打袼褙。②底子：鞋底儿。此处指布鞋鞋底儿。

【简析】用于说吃饭时只有馒头、烙饼、窝头、饼子、糊饼等主食，而没有汤水帮助下咽。

Q

☆ 七尺高的汉子六尺高的门——不得不低头。

【简析】用于说权衡利弊后对某人或某事必须隐忍、屈服。

☆ 七月十五吃月饼——赶鲜儿。

【简析】民俗，一般吃月饼在八月十五中秋节。“鲜”与“先”谐音。此歇后语用于讥讽某人是凑热闹儿、赶潮流、追时髦儿。

☆ 齐化门①的混混儿②——光出溜儿。

【注释】①齐化门：朝阳门的旧称。②混混儿：不务正业并在街上瞎混的流氓、无赖。

【简析】讥指某人没有任何财产。

☆ 齐天大圣得道——猴儿还是猴儿。

【简析】齐天大圣绰号“孙猴儿”。用于说某人表面上跟过去不一样了，实质上并没有什么变化，依然跟过去一样。

★ 棋盘里的老将儿——出不了格儿。

【简析】用于说某人不会做出超常的举动。

★ 骑驴看唱本儿[1]——走着瞧!

【注释】①唱本儿：旧时坊间刊印的曲艺或戏曲唱词的小册子，多为石印。

【简析】用于争吵或打架后对对方的威胁。

★ 骑马不带鞭子——拍马屁。

【简析】用于说某人用恭维奉承手段讨好有权势者。

★ 骑着城墙骂鞑子——不顺南，不顺北。

【简析】用于说不顺从任何人。

★ 汽车走马路[1]——没辙了。

【注释】①马路：城市里用沥青铺的道路。

【简析】“辙”有二义：1. 车辙。2. 比喻办法。用沥青铺的马路自然没有车辙。此歇后语用于说没有办法了。

★ 千里搭大棚——没有不散的筵席。

【简析】用于泛指。指早晚得散。

☆ 千里打猪草——喂的还不是你们?

【简析】这是一句俏皮话儿。"喂"与"为"谐音。用于说"我之所以这样做，还不是为你们"。

☆ 千里送鹅毛——礼轻人意重。

☆ 前门[①]楼子搭脚手[②]——好大的架子。

【注释】①前门：正阳门的俗称，为旧时北京内城的正门。②脚手：指脚手架。

【简析】用于说某人装腔作势的派头儿大。

☆ 墙上的泥皮——揭一层还一层。

【简析】这是旧时轻视妇女的话，在元杂剧中已屡见。比喻妻子死了没关系，还可以再娶。

☆ 墙头儿上种菜——难浇。

【简析】"浇"与"交"谐音。用于说某人难于与之交往。

☆ 翘辫子不叫翘辫子——死了。

☆ 劁猪毫[①]的不带刀子——硬挤。

【注释】①劁猪毫：阉割猪的睾丸或输卵管。

【简析】用于说通过某种手段从别人身上挤压钱物。

☆ 荞麦皮里挤油——死抠。

【简析】用于说过度地推究字义、文意，或极度地吝啬舍不得花钱。

☆ 怯木匠——就是一锯。

【简析】“一锯”谐音“一句”。用于说某人只说了一句话，或只会说一句话。

☆ 青菜炖豆腐——没什么油水儿。

【简析】用于说捞不到什么好处，没有什么外快。

☆ 青石板上炒豆子——熟一个，蹦一个。

【简析】用于说某单位留不住人，培养出来一个人就总是寻机走掉。

☆ 清水下[①]杂面[②]——你吃我看。

【注释】①下：往滚沸的锅中放。②杂面：用绿豆面制成的面条儿。

【简析】杂面下到水里后，面是面，水是水，分得很清。用于比喻自己对问题看得十分清楚。

☆ 秋后的蚂蚱——蹦跶[①]不了几天了。

【注释】①蹦跶：蹦跳，跳跃。

【简析】用于说某人或某政治集团很快就要完蛋。

☆ 秋后的树叶儿——黄了。

【简析】用于说事情中途受挫，没有成功。

☆ 秋后的蚊子——紧叮。

【简析】“叮”与“盯”谐音。用于说紧紧盯着或要盯紧。

☆ 秋天剥麻——净是扯皮的事。

【简析】用于说扯皮的事情太多。

☆ 娶媳妇儿熬冬瓜——汤儿事。

【简析】娶媳妇儿应该用宴席招待前来庆贺的亲朋，是不应该让人家吃熬冬瓜汤的。用于说该事情是可有可无的事，或是糊弄人的事。

☆ 娶媳妇儿打幡儿[①]——办的哪门子事[②]？

【注释】①打幡儿：出殡时由长子举招魂幡引导。②办事：举办丧事或喜事。

【简析】只有办丧事出殡时才用打幡儿。用于说事情做得不对或不合章法。

☆ 娶媳妇儿打幡儿——凑热闹儿。

【简析】用于说某人给事情添乱。

☆ 娶媳妇儿打幡儿——瞎[①]起哄[②]。

【注释】①瞎：胡乱。②起哄：闹腾。
【简析】用于说胡乱闹腾。

☆ 去年的皇历——看不得。

【简析】同“旧皇历”。

☆ 全聚德[①]的鸭子——大窝脖儿。

【注释】①全聚德：京城著名老字号烤鸭店。
【简析】用于说受到了顶撞或遭到了拒绝。

☆ 瘸驴儿配破磨——两凑合。

【简析】用于说双方条件都不怎么好，互相迁就。

R

☆ 肉包子打狗——一去不回头。

【简析】用于说某人去办某事早就应该回来了，但到现在却依然还没有回来。

☆ 肉锅里煮元宵——混蛋。

【简析】用于骂某人不明事理。

S

☆ 仨兔子跑了俩——逮了你了。

【简析】“逮（dǎi）”，北京方言里有人念 děi。“逮了”与“得了（děile）”谐音。用于说“便宜你了”或“你舒服了”。

☆ 赛场上的足球——让人踢来踢去。

【简析】用于说某人品质不好或能力低下，哪个单位都不愿意要。

☆ 三角儿眼——青红不分。

【简析】用于说某人愣头愣脑，不辨强弱亲疏——百不论。

☆ 三十晚上吃饺子——没有外人。

【简析】农历腊月三十晚上除夕夜是阖家团聚的日子。此歇后语多用于说彼此关系密切、亲密无间，坐在一起可以推心置腹、开诚布公地商谈论事。

☆ 三十晚上看月亮——没指望了。

【简析】农历腊月三十晚上天空没有月亮。用于说事情已经没有盼头儿。

☆ 三眼枪打兔子——没准儿。

【简析】用于说某人做事没有准头儿，或事情尚未最后敲定。

☆ 沙土井儿——越捞越深。

【简析】在沙土井里打水，如果把水桶掉到井里，水桶会越捞越往沙子里沉。此歇后语多用于说在赌博方面如果接连输就应该赶快罢手，不要企图捞回所输的钱继续赌，那样有可能越输越多，最后不可收拾。

☆ 砂锅安把儿——怯勺。

【简析】砂锅本来不应有把儿。此歇后语用于说某人由于缺乏某方面知识因而显出外行。

☆ 砂锅村儿的——一套儿一套儿的！

【简析】用于说某人能说。

☆ 砂锅居①的买卖——过午不候②。

【注释】①砂锅居：京城的一家饭馆，开业于 1741 年，原

名和顺居，因长于白水煮猪肉的砂锅菜而得名砂锅居。②候：等候。

【简析】据说当年砂锅居每天只卖一头猪的肉，等不到中午就卖完了，所以有此歇后语。此歇后语现用于泛指。

☆ 砂锅砸蒜——一锤子买卖。

【简析】捣蒜的蒜臼一般是用硬木雕的，用砂锅捣蒜肯定一捣砂锅就被捣坏。此歇后语用于说只有这一次交道，再也不会有第二次交道了。

☆ 傻三儿拜年——死乞白咧[①]。

【注释】①死乞白咧：对方不同意或拒绝，却一味地坚持或纠缠。

【简析】用于指某人对某事一味地纠缠、强求。

☆ 傻小子睡凉炕[①]——火力[②]壮。

【注释】①炕：在屋子里用坯或砖垒的大方台。下面有孔道，孔道一端连接锅灶，另一端连接烟囱。上面铺炕席，既可在上面睡觉，又可坐在上面休息。烧柴做饭时，烟火从下面通过，可以使它变热。②火力：指身体的抗寒能力。

☆ 傻小子淘井[①]——干了再说。

【注释】①淘井：将所有的井水淘出井外，把井底的杂物、脏物弄出，以使食用水干净。

【简析】用于说某人赌博时不把钱输光不算完。

☆ 山后的蝎子——恶蜇。

【简析】“恶蜇”与“饿着”谐音。用于说肚子正饿着（多指没按时吃上饭）。

☆ 山里的核桃——满仁儿。

【简析】“仁”与“人”谐音。用于在进屋时突然发现屋子里人很多时。

☆ 山里的猴儿——不让勾头儿[①]。

【注释】①勾头儿：招引。
【简析】用于说某人不禁招引。

☆ 上坟的羊——豁出去了！

【简析】旧时，满族有到坟上杀羊祭祖的习俗。如果把羊往坟上运，说明羊的死期已到。此歇后语用于说“爱怎么着怎么着吧，管不了那么多了”。

☆ 上吊[①]搽粉[②]——死要面子。

【注释】①上吊：以绳索套在颈项上悬梁自杀。②搽粉（cháfěn）：旧时，妇女有晨起梳洗后往脸上抹粉化妆的习惯。1949年后，由于标榜女性革命化、男性化，曾一度不时兴化

妆。近几十年，重又恢复正常状态。

【简析】用于说某人过于顾及脸面。

☆ 绱鞋[①]不使锥子——针行。

【注释】①绱鞋：把鞋帮儿与鞋底儿缝在一起。

【简析】“针”与“真”谐音。用于以惊叹的口气赞美别人。

☆ 烧酒[①]，钱儿肉[②]——越吃越没够[③]。

【注释】①烧酒：白酒。②钱儿肉：驴的阴茎煮成的熟肉（因横切后呈铜钱状而得名）。③没够：生理上、心理上的欲望或需求没有得到满足。

☆ 舌头上长圪针[①]——说话带刺儿。

【注释】①圪针（gězhen）：枣树枝条上长的针状物。

【简析】用于说对方的话语中含有对人的讥讽。

☆ 生鸡蛋画画儿——假熟活。

【简析】用于说某人跟某人不熟识而故作熟识。

☆ 十个铜钱掉了一个——九文。

【简析】“九文”谐音“久闻”。用于说早就听说过。

☆ 十月的螃蟹——横行不了几天了。

【简析】用于说作威作福、干坏事的人很快就要完蛋了。

☆ 石头掉进井里——吓咚。

【简析】同“蛤蟆跳井”。

☆ 使唤丫头[①]拿钥匙——当家做不了主儿。

【注释】①使唤丫头：婢女。
【简析】用于说虽然管事儿但没有决定权。

☆ 屎壳郎[①]搬家——滚蛋。

【注释】①屎壳郎（shǐkelàng）：蜣螂。
【简析】同“鸡子儿下山”。

☆ 屎壳郎变季鸟儿[①]——臭底儿。

【注释】①季鸟儿：蝉。旧时，在北京地区，民间认为蝉是屎壳郎变来的，因为他们观察到季鸟儿是从地里钻出慢慢变成蝉的。

【简析】用于说某人本来就有历史污点，如今有此表现或作为毫不足奇。

☆ 屎壳郎变季鸟儿——一步登天。

【简析】用于形容某人地位一下子升得非常高，也比喻一

下子达到了最高境界或最高程度。

☆ 屎壳郎戴花儿——臭美。

【简析】用于指某人胡乱打扮（女性多用）。

☆ 屎壳郎掉到粪坑里——得[①]吃得喝。

【注释】①得：便于。
【简析】用于说某人便于吃喝。

☆ 屎壳郎驾云——美上天了。

【简析】用于说太得意了。

☆ 屎壳郎进花园儿——不是这里的虫儿。

【简析】用于比喻某人是外行人。

☆ 屎壳郎落在大门上——假充大铆钉。

【简析】用于说某人逞能，承担自己没有资格和威望承担的或无力承担的事情。

☆ 屎壳郎落在牲口槽里——假充大料豆子[①]。

【注释】①料豆子：作为饲料的炒或煮熟的黑豆或黄豆。
【简析】同“屎壳郎落在大门上”。

☆ 屎壳郎遇见拉稀的——白来一趟。

【简析】屎壳郎见粪即弄成球状推着走，而大便稀则没法儿弄成球状，所以白来一趟。用于泛指。

☆ 屎壳郎钻灶火膛①——拱火儿的精②。

【注释】①灶火膛：柴灶锅下的中空部分。②精：精怪。

【简析】用于说某人是从中挑拨使别人矛盾冲突加剧的家伙。

☆ 手抓两把泥，脚踩西瓜皮——能抹就抹，能溜就溜。

【简析】用于说某当领导的原则性极差，遇到需要处理的事情时善于和稀泥或睁一只眼闭一只眼。

☆ 守着粪坑儿逮苍蝇——什么时候儿是个头儿？

【简析】用于说事情没有盼头儿或没完没了。

☆ 寿星老儿的脑袋——宝贝疙瘩。

【简析】用于说某人非常宠爱娇惯的子女。

☆ 寿星老儿骑鹤——没了鹿儿了。

【简析】“鹿”与“路”谐音。用于说无计可施、走投无路，没有办法了。

☆ 瘦驴拉硬屎——穷耿直。

【简析】用于说某人明明有大的难处或遇到了难于克服的困难，却依然逞刚强不愿意求助别人或拒绝别人的帮助。

☆ 秫秸做鞭杆儿——用不长[①]。

【注释】①长：长久。

☆ 属刺猬的——谁碰扎谁手。

【简析】用于说问题棘手，谁处理也不好办。

☆ 属疯狗的——逮谁咬谁。

【简析】用于说某人随意骂人、攀扯人或诬陷人。

☆ 属耗子的——撂[①]爪儿[②]就忘。

【注释】①撂：放。②爪儿（zhuǎr）：爪子。
【简析】用于形容某人没有记性，事情忘得快。

☆ 属黄瓜鱼的——溜边儿。

【简析】同“黄瓜鱼”。

☆ 属麻花儿的——拧着劲儿呢！

【简析】用于说双方正闹着别扭。

☆ 属螃蟹的——横着走。

【简析】比喻不好好儿走路或蛮横行事。

☆ 属鸭子的——吃死食。

【简析】指某人用餐时在一桌的多种菜肴中吃什么总是吃什么，不会交替着吃口这又吃口那。

☆ 属夜猫子的——净熬眼儿。

【注释】熬眼儿（áoyǎnr）：夜里该睡觉时而不睡觉。

☆ 数九天不戴帽子——冻冻脑子。

【简析】“冻”与“动”谐音。用于叫人开动脑筋想一想。

☆ 树尖儿上挂镜子——高照。

☆ 双手抱着鸡脖子——老往冠上瞅。

【简析】“冠”，指鸡冠子，与官位之“官”谐音。用于说国家工作人员不专心致志地工作，终日只想着提职提级。

☆ 霜打的茄子——蔫儿了。

【简析】用于说某人遇到困难、挫折和打击以后情绪低落，精神萎靡。

☆ 水仙不开花儿——装蒜。

【简析】水仙的卵圆形茎类似大蒜的蒜头。此歇后语用于骂人装糊涂。

☆ 水蝎子——不怎么蜇[①]。

【注释】①蜇：蜂或蝎子用毒针刺。

【简析】“蜇”与“着”谐音。用于说某人不怎么可怕或不怎么能行。

☆ 水蝎子——不蜇人！

【简析】用于说某人没有什么可怕的，不必怕他。

☆ 丝绸吊面儿[①]——布里儿。

【注释】①吊面儿：在皮筒子外面缝上棉布或绸布，是制作皮衣的一道重要工序。

【简析】“布”与“不”谐音，“里”与“理”谐音。用于说某人不理人。

☆ 死蛤蟆——不张嘴儿。

【简析】用于指斥某人无论别人怎么批评、训诫都沉默不语。

☆ 死胡同儿——又回来啦！

【简析】走入了死胡同儿不能通过，自然得往回走。用于泛指。

☆ 死人放屁——有缓儿。

【简析】用于说一方的态度有所松动或有所缓和。

☆ 死鱼——不张嘴儿。

【简析】同“死蛤蟆”。

☆ 四十八万——一帑[①]。

【注释】①帑（tǎng）：古代的钱币单位。
【简析】“帑”与“躺”谐音。用于说某人没事闲躺着。

☆ 送三[①]的驴——不吃草儿。

【注释】①送三：人死后一般在第三天或第五天要出殡埋葬，所以人死第三天亲属要先送亡魂上路，叫作送三。送三时，一般要焚烧纸活儿，其中有纸人、纸马、纸驴等。如果亡者是女人，要烧纸牛。

【简析】送三的驴是用纸糊的，所以不用吃草。用于指某人没有做主的实权。

☆ 苏州的蛤蟆——南蟾。

【简析】“南蟾”谐音“难缠”。用于说某人不明事理，遇事胡乱纠缠，不好应付。

☆ 尿泡当秤砣[①]——压不住分量。

【注释】①秤砣：秤锤。

【简析】用于说某领导或主事人稳不住局面。

T

☆ 太岁[1]头上动土——好大胆儿。

【注释】①太岁：传说中的神，随岁月的变化而变方位。旧时，迷信者认为，建筑工程破土时要避开太岁之神所在的方位，否则就要招来灾祸。

【简析】用于说某人做某事过于大胆，不知道顾及权势者。

☆ 潭柘寺[1]的石鱼——好看不好吃。

【注释】①潭柘寺（Tánzhèsì）：位于北京西郊门头沟区，北京最早的寺庙之一。建于晋代，名称几经改易，清代改叫“岫云寺”，俗称“潭柘寺”。

【简析】用于说某物表面好看，却没有实用价值。也用于说某人徒具外表，但没有真本事。

☆ 潭柘寺的粥锅——加人不加米。

【简析】用于说办一件事情虽然人数增加了，但开支却没增加。

☆ 提着影戏人子[①]上场儿——好歹[②]别戳破这层纸。

【注释】①影戏人子：表演皮影戏所用的人像道具。②好歹：不管怎样，无论如何。

【简析】用于指大家都知道是怎么一回事，只是都不愿意说破它。

☆ 剃头的不打唤头[①]——没响儿了。

【注释】①唤头：走街串巷的小贩或手艺人招徕顾客的响器。

【简析】“响”与“想”谐音。用于说某事已经没有了盼头儿。

☆ 剃头的刺耳头——干什么糟蹋什么。

【简析】从事什么职业，都要相应的糟蹋一些跟该职业有关的东西。例如，农民收割庄稼时，多多少少要丢在地里一些粮食，不可能真正做到颗粒归仓。工人生产产品，也不可避免地要浪费一些原材料。从事文字工作的人，不可避免地浪费一些纸张。其他工作，亦是如此。此歇后语用于说对难以避免的一些浪费要想得开。

☆ 剃头的挑子——一头儿热。

【简析】旧时，走街串巷剃头的挑一个挑子，挑子的一头儿是坐柜，一头儿是木架架个火炉子，以便用铜盆烧水给顾客洗头。此歇后语用于指本来需要双方热情的事情却只有一方热情。常特指男女婚事上只有男方过分积极或苦苦相思，而女方无动于衷或根本就不知道男方在爱着她。

☆ 天安门的狮子——对摆着。

【简析】北京天安门城楼前有两个石雕狮子，分别摆在门的两侧。

☆ 天福号儿的酱肘子——真烂！

【简析】天福号，清代由山东人所开的一家熟肉铺。其所制售的熟肉酱肘子，以煮得极烂、入口即化、不需咀嚼而享誉京城。今天，天福号所制的酱肘子依然保有此特点。

☆ 天桥儿[①]的把式——干说不练。

【注释】①天桥儿：北京南城宣武区的一个地名。1949 年前，天桥是北京的一个著名娱乐场所，表演各种杂耍儿、曲艺者甚多。

【简析】天桥儿的把式，多是以表演武功招徕观众或卖野药为生的人，宣传重于表演，经常说很长时间才表演一会儿，所以给观众“干说不练”的感觉。此歇后语用于指某人只说不干。

☆ 天主教堂搬家——拿着架子。

【简析】天主教堂的建筑最高处都装有一个十字架，教堂搬家必须把十字架带走。此歇后语用于说某人装腔作势，善于对人摆架子。

☆ 挑水的回头——过井了。

【简析】“井”与“景”谐音。用于说某个人的年龄已过了适合做某事的年龄段。

☆ 铁打的房梁磨绣针[①]——功到自然成。

【注释】①绣针：绣花针。

【简析】此歇后语告诉我们，只要长期不懈地努力，再难的事情也能取得成功，做事有恒心很重要。

☆ 铁公鸡——一毛不拔。

【简析】比喻某人一点儿钱不出或极其吝啬。

☆ 铁路警察——各管一段儿。

【简析】用于说各有分工。

☆ 秃子当和尚——将就材料儿。

【简析】用于说凑合着用上这东西。

☆ 秃子脑袋——光顶儿。

☆ 秃子头上的虱子——明摆着！

【简析】用于说事情非常明显。

★ 土地爷[1]掏耳头——搋[2]泥。

【注释】①土地爷：旧指掌管、守护一个小地方的神。②搋（wǎi）：用瓢舀或用勺状用具扒挖。

【简析】“搋”与“崴”谐音。用于说事情遇到了麻烦，或出现了糟糕的局面和结局。

★ 兔儿爷[1]打架——散摊子了。

【注释】①兔儿爷：北京过中秋节时的一种儿童应景玩具，用胶泥捏制。

【简析】用于说多人合伙经营因意见纷争或经营不善而中途散伙。

★ 兔儿爷的旗子[1]——单挑。

【注释】①旗子：指戏曲表演中武生背上所插的靠旗。

【简析】用于说某人单独承做某一件事，不靠任何人的帮助。

★ 兔儿爷过河——一摊泥。

【简析】常用于说某人烂醉如泥。

★ 兔儿爷拿大顶——窝了犄角了。

【简析】用于说某人做事遇到了挫折。

☆ 兔儿爷拍胸口——没心没肺。

【简析】用于说某人傻呵呵的没有心计。

☆ 兔儿爷掏耳头——搓泥。

【简析】同“土地爷掏耳朵”。

☆ 兔儿爷洗澡——一摊泥。

【简析】同“兔儿爷过河”。

☆ 兔儿爷折跟头——窝了犄角了。

【简析】同“兔儿爷拿大顶”。

☆ 兔子尾巴——长不了。

【简析】用于说事情不能长久或好景不长。

☆ 推小车儿的扭屁股——不由自主。

【简析】旧时，木制独轮小车儿在土路上行驶非常艰难，推车者总得左右扭动腰身一步步缓慢前行。此歇后语用于说自己做不了主或不受自我控制（做了某事）。

☆ 推小车儿走沙窝儿——演[①]一辋儿[②]说一辋儿。

【注释】①演：演进；艰难地、一点儿一点儿地前移。②辋儿（wǎngr）：有一定长度和厚度的弓形木块儿。多块辋儿构成车轮圆形外围。

【简析】用于说走一步看一步，对将来的结局不敢断定。

☆ 脱裤子放屁——费二道手。

【简析】用于说多此一举。

W

☆ 歪脖子说话——嘴不对心。

【简析】用于说某人说的不是真心话。

☆ 歪嘴子吃石榴——净出歪点子。

【简析】用于说某人的主意不好。

☆ 歪嘴子吹灯——冒斜气儿。

【简析】“斜”与“邪”谐音。用于说某人搞歪门邪道。

☆ 外厨房的灶王爷——独座儿。

【简析】旧时，灶王爷的神像有两种：一种是灶王爷、灶王奶奶并坐的双人像，另一种是只有灶王爷的单人像。皇宫及王爷、官宦府邸和京城大宅门一般有两个厨房——内厨房和外厨房，其中内厨房习惯贴双人像，外厨房习惯贴单人像。此歇后语用于说不跟别人坐在一起。

☆ 外馆[1]的伙计——肋腻兵。

【注释】①外馆：清代理藩院下属的一个接待蒙古王公贵族或旗长的馆所，地址在德胜门外。②肋腻（lēde）：形容穿着不整洁。

【简析】用于说某人穿着破烂，不整洁。

☆ 外甥子打灯笼——照舅。

【简析】“舅”与“旧”谐音。用于说没有变化，跟过去一样。

☆ 弯弓射箭——照直崩。

【简析】用于指说话直截了当，不拐弯儿抹角儿。

☆ 宛平县的知县——一年一换。

【简析】清代，北京分两个城区，东城由大兴县管辖，西城由宛平县管辖。一个七品知县管辖中央政府皇家所在地的事务当然不好管，所谓“京官儿难当”，必然是经常撤换。此歇后语用于说某项人事更迭太频繁。

☆ 万春亭[1]上谈心——说风凉话儿。

【注释】①万春亭：北京景山最高处的一个亭子，也是老北京城内的最高点，始建于清乾隆十五年（1750）。

【简析】用于指说不负责任的冷言冷语。

☆ 王八吃秤砣——铁了心了。

【简析】用于说明决心已下，再也不会改易。

☆ 王八吃西瓜——滚的滚，爬的爬。

【简析】用于说被打垮后逃跑的狼狈相。

☆ 王八叼书本儿——咬字儿。

【简析】同“臭虫钻样册子”。

☆ 王八盖子①量②枣儿——什么升儿？

【注释】①王八盖子：乌龟壳儿。②量（liáng）：用标准容器测量某物的多少。

【简析】王八盖子很浅，枣儿的个儿比较大，所以量枣儿不适宜用王八盖子量。“升”与“声”谐音。此歇后语用于讥讽某人唱歌儿、唱戏时声音非常不好听。

☆ 王八看绿豆——对了眼儿了。

【简析】用于说双方互相看中了。

☆ 王八咬手指头——死不松口。

【简析】用于说某人对某事口风儿不动，依然坚持原来的意见。

☆ 王八折跟头——翻盖儿了。

【简析】用于说某人翻脸了。

☆ 王二奶奶、玉二奶奶——不是一个人儿。

【简析】用于说某人把两件事情弄错了。

☆ 王麻子的刀剪——冒充的多。

【简析】此歇后语是就全国情况说的。在北京前门打磨厂，既有王麻子刀剪厂又有刀剪厂销售门市，假冒的王麻子刀剪不容易在北京市面儿上售卖。

☆ 王奶奶跟玉奶奶——差一点儿。

【简析】用于说差不多。

☆ 王奶奶遇上汪奶奶——差的不是一点儿两点儿。

【简析】用于说差得很多，差距极大。

☆ 王胖子的裤腰带——稀松。

【简析】王胖子，清代大运河漕运北端终点站的搬运工人，家住北京东郊郎家园。该人特别胖，肚子特别大，腰带系得紧了感到不舒服，感觉喘不过气来，所以平时腰带系得很松。此歇后语用于说人懒散、松懈或差劲。

☆ 王小二过年——一年不如一年。

【简析】同“老太太过年”。

☆ 王小儿进国子监[1]——尽是书。

【注释】①国子监：中国封建时代的最高教育管理机关，有的朝代兼为最高学府。

【简析】同“孔夫子搬家”。

☆ 王爷[1]吃面——瞎抓。

【注释】①王爷：封建社会尊称有爵位封号的人。

【简析】用于说非常忙乱地做某事。

☆ 网里的鱼，笼中的鸟——跑不了。

【简析】用于说某人跑不掉，也用于说事情十拿九稳。

☆ 望乡台[1]上打蹦蹦[2]——不知死的鬼儿！

【注释】①望乡台：迷信认为人死后鬼魂可以登上眺望阳间家乡的高台，这种高台叫望乡台。②打蹦蹦（dǎnéngneng）：做单腿立、倒立等玩耍动作。

【简析】用于说某人处于艰难的境地尚不自知，却依然盲目地自乐。

☆ 蚊子唱小曲儿——要叮人。

☆ 蚊子赴宴——不速之客。

☆ 窝头[①]翻个儿——显大眼。

【注释】①窝头：把和好的玉米面或高粱面捏成底下有洞、略呈圆锥形的样子，然后在锅里蒸熟而成的食物。这是旧时北方地区百姓日常的主要食物。

【简析】“显大眼”谐音“现大眼”。用于嘲讽某人在众人面前出了大丑，丢了大脸。

☆ 五端午儿[①]的黄花儿鱼——正在喷儿上[②]。

【注释】①五端午儿：五月初五，即端午节。②喷儿上：盛产的季节；大量上市的季节。

【简析】用于说某人正在兴旺时期。

☆ 五道庙儿[①]后头拉弓——射鬼。

【注释】①五道庙儿：供奉五道将军的庙。传说五道将军掌管人的生死。

【简析】“射”与“色”在北京方言中同音，均念shè。用于骂某人是非常贪色的人。

☆ 五道庙儿前头磕仨头——神三鬼四。

【简析】旧俗，给人神磕头须一连磕三个，给鬼魂磕头须一连磕四个，谓之神三鬼四。此歇后语用于说某人为人神神道道，不好琢磨。

☆ 五道庙儿着火——慌神儿了。

【简析】同“庙里着火”。

☆ 五道爷[1]——有求必应。

【注释】①五道爷：五道将军。

【简析】“有求必应”，常用作五道庙对联的横批。意思是，只要有人请求，就一定答应。信徒常用于说某神佛灵验。

☆ 武大郎[1]的脚指头——没有一个好的。

【注释】①武大郎：中国古代四大名著、明代白话小说《水浒传》中的一个人物，是一个懦弱猥琐的人物形象。

☆ 武大郎放风筝——出手不高。

【简析】用于形容做某事时水平不高。

☆ 武大郎服毒[1]——喝也死，不喝也死。

【注释】①服毒：吃毒药自杀。

【简析】用于说事情已无可挽回，不好的结局已定。

☆ 武大郎开店——比我高的不用。

【简析】用于说社会上某些领导嫉贤妒能，不用比自己学识高、水平高、能力强的人。

☆ 武大郎卖豆腐——人㞞[①]货软。

【注释】①㞞（sóng）：精液。比喻懦弱（用于男子）。
【简析】用于骂人懦弱。

☆ 武大郎盘杠子[①]——上下够不着儿。

【注释】①盘杠子：在单杠上回旋地做动作。
【简析】用于说哪方面都不够条件、不够标准。

☆ 武大郎养夜猫子[①]——什么人玩儿什么鸟儿。

【注释】①夜猫子：猫头鹰。民间传统认为，猫头鹰是一种不祥之鸟。
【简析】用于说人不怎么样，所做的事也不怎么样。

☆ 武大郎捉奸——有心无力。

【简析】用于说有某种愿望却没有能力去实现。

☆ 捂着腮帮子进医院——装牙疼。

【简析】用于说不是真实的情况，是做出的假象。

X

☆ 西瓜皮擦屁股——不粘门儿。

【简析】用于说根本不行，没有商量的余地。

☆ 西瓜皮擦屁股——泥和不清[1]。

【注释】①清：干净。

【简析】用于说事情纠结太多难于处理，不能一下子了结。

☆ 西红门儿[1]的萝卜——叫城门。

【注释】①西红门儿：北京市大兴区的一个地名儿。

【简析】旧时，北京城门每日晨开夜关，人们夜间是不能自由进出的，但有要事持特许证者（也叫“腰牌”）可以叫守门人员打开门出入。大兴县西红门儿的心里美萝卜（也叫“脆水萝卜”），曾以吃起来口感甜脆享誉京城，被慈禧太后称许，遂定为宫廷贡品。每当秋末及次年初春，向宫中送萝卜的农民天不亮即可叫开城门到宫中去送心里美萝卜。所以在京城百姓中留下了此歇后语。

☆ 西直门到海淀——拉啦！

【简析】西直门到海淀约五公里。旧时，有一种多人合乘的人力车，早晚时间乘车人少很难凑齐人数，有时想赶路的人多给点儿钱车夫也就“拉啦”。车夫下决心拉人的“拉啦”用于谐音说小孩儿拉屎的“拉啦”。

☆ 稀牛粪——大摊①儿的。

【注释】①摊：稀泥、稀屎的量词。
【简析】用于说某人办某事不应该贪大却贪大。

☆ 戏台上的城墙——布城。

【简析】“布城”谐音“不成”。用于说不可以。

☆ 瞎子戴眼镜儿——多一层儿。

【简析】用于说多此一举。

☆ 瞎子点灯——白费蜡①。

【注释】①蜡：蜡烛。
【简析】用于说白白浪费时间和精力，毫无用处。

☆ 瞎子放驴——不松手。

【简析】用于说某人对某事某物紧紧抓住不放。

☆ 瞎子害眼[①]——豁出去。

【注释】①害眼：患眼病。多指眼睛急性发炎、红肿。

【简析】用于说不惜付出任何代价，不顾及任何后果，爱怎样怎样。

☆ 瞎子磨刀——快了。

【简析】“快”，有“锋利”与“快要”二双关义。用于说事情即将发生，某情况即将出现。

☆ 瞎子算卦——两头儿截。

【简析】旧时，从事算卦行业的多为盲人。此歇后语用于说某人根据你提供的情况进行猜测、推断。

☆ 瞎子挑水——过井了。

【简析】同“挑水的回头”。

☆ 下雨天打孩子——闲着也是闲着。

【简析】旧时，北京地区下雨天人们习惯于在家猫着不到户外去做事，叫作在家过阴天儿，是人们最清闲的日子。此歇后语用于说在闲暇的时候干点儿什么都好，怎么都比待着强。

☆ 下雨往屋里跑——淋不着我。

【简析】在北京方言中，“淋”与“轮”同音，都念 lún。用于抱怨某好事没有自己的份儿。

★ 咸菜拌豆腐——那还用盐？

【简析】“盐”谐音“言”。此歇后语用于说事情明摆着，不必多说。

★ 县长吃窝头——没官席。

【简析】“官席”与“关系”谐音。这是“没关系”的俏皮话。

★ 香山[①]的卧佛[②]——大手大脚。

【注释】①香山：北京西郊的一座山。②卧佛：香山卧佛寺中的一尊大佛。

【简析】用于说某人在开销用度方面不知道节俭。

★ 小车儿不拉——推好了。

【简析】在北京方言中，“推”与“忒”同音。用于说非常好、极好。

★ 小葱儿拌豆腐——一青二白。

【简析】“青”与“清”谐音。用于说事物的界线非常清楚，毫不含混。

☆ 小葱儿韭菜——割一茬还有一茬。

【简析】用于说淘汰了老人儿还会有新人接上来，不必担忧。

☆ 小孩儿不起名儿——叫什么。

【简析】用于说别人所做的东西不像，或事情不应该那样做。

☆ 小孩儿拉屎——挪挪窝儿[①]。

【注释】①挪窝儿：换地界儿。

【简析】用于让某人挪挪地方，也用于说某人不称职调换一下职位。

☆ 小孩儿拉屎——挪势挪势。

【简析】用于让某人挪挪地方。

☆ 小孩儿没娘——说来话长。

☆ 小和尚儿埋地雷——炸庙。

【简析】用于比喻大声大叫或无端地惊乱自扰。

☆ 小和尚儿念经——有口无心。

【简析】用于说没有经过思考就随意说了出来。

☆ 小胡同儿逮猪——两头儿堵[①]。

【注释】①堵：堵截。

【简析】用于说从两方面对付（某人或某事）。

☆ 小鸡儿吃绿豆——强努。

【简析】用于说一个人力量不够却勉强做某事。

☆ 小老妈儿[①]坐飞机——抖起来了。

【注释】①小老妈儿：年轻的女佣；年轻的奶母。

【简析】同“老妈子坐飞机”。

☆ 小铺儿[①]的蒜——零揪儿。

【注释】①小铺儿：卖日用品或副食品的小店。

【简析】小铺儿的蒜辫子挂在墙上，顾客买几头，掌柜的给你揪几头。此歇后语用于说一笔钱没干成总的事，都被零散地花费掉了。

☆ 小碗儿面——后找补[①]。

【注释】①找补（zhǎobu）：A. 感到不够或不足再适度添加。B. 做活儿时，最后仍觉得不甚理想再进一步加工。C. 找借口或理由再度纠缠对方。

【简析】用于说已经了结的事情却又被重新提起纠缠。

☆ 小药铺儿——没人参了。

【简析】"人参"与"人身"谐音。用于说某人没有人格尊严了。

☆ 小鹞子[①]拿刺猬——错睁眼了。

【注释】①鹞子：雀鹰的通称。

【简析】用于争斗时说"你看错人了，我不是你好欺负的"。

☆ 小猪儿尾巴——屎蛋。

【简析】小猪儿的尾巴上经常粘很多干结的屎粪。此歇后语用于说某人无能，什么事情也干不了。

☆ 蝎虎子扒门帘——露一小手儿。

【注释】①蝎虎子：壁虎。

【简析】同"耗子掀门帘"。

☆ 蝎子的儿子——不认亲娘。

【简析】用于说某人不孝顺。

☆ 蝎子屎——毒一份儿。

【简析】"毒"与"独"谐音。用于说只此一个，别无其他。有时也用于说非常突出，无可匹敌。

☆ 新来的人儿——摸不着门儿。

【简析】比喻自己没做过某事，刚开始时有点儿抓瞎，不知道怎么做。

☆ 新媳妇儿的屁——零煎了。

【简析】新媳妇儿初到婆家不敢随意放屁，得板着点儿一点儿一点儿零散地放。此歇后语用于说钱物没有办成大的事，都零碎地消费掉或消耗掉了。

☆ 星秤[①]打眼儿——做星儿。

【注释】①星秤：做杆儿秤。
【简析】“做星（zòuxīng）”谐音“做性（zòuxing）”。“做性”，北京地区的骂人话，意同“德行样儿”。

☆ 修完脚穿袜子——不洗了。

【简析】“洗”谐音“喜”。用于别人遇到了祸事时（有幸灾乐祸的意味）。

☆ 秀才[①]遇到兵——有理说不清。

【注释】①秀才：明清两代生员的通称。
【简析】用于说有文化、懂道理的人遇到没有文化、不懂道理的人，就没有办法跟他讲理。

★ 徐庶[1]进曹营[2]——一言不发。

【注释】①徐庶：字元直，三国时蜀国谋士。后因其母为曹军所执，被迫归顺曹操，官至右中郎将。魏明帝时，病死。“一言不发”，说的即是徐庶被骗初到曹营的情况。②曹营：曹操的军营。

【简析】用于说某人对某件事或在某个特定场合一句话也不说，或说某人该发表意见时却不开口说话。

Y

☆ 哑巴拜年——多磕头，少说话。

【简析】用于说有求于有权势的人时须低三下四。

☆ 哑巴吃煮饽饽[1]——心里有数儿。

【注释】①煮饽饽（zhǔbōbo）：水饺儿。

【简析】用于说某人虽然不言不语，却心里有准主意或明白是怎么回事。

☆ 哑巴吃黄连——有苦说不出。

【注释】①黄连：多年生草本植物。这里指它的根状茎，味苦，是一种常用的中药。

【简析】用于说有苦难言。

☆ 烟袋里灌水——两头儿满溢。

【简析】“溢”与“意”谐音。此歇后语用于说事情处理得使双方都满意。

☆ 盐店掌柜的——大咸人。

【简析】“咸”与“闲”谐音。“闲人”，即没有事情需要做的人。

☆ 洋鬼子[1]看戏——傻眼了。

【注释】①洋鬼子：对侵略我国的外国人的称呼，多数情况下指日本侵略者。

【简析】用于说因出现某种意外情况而变得目瞪口呆、不知所措。

☆ 养活[1]孩子不叫养活孩子——下人。

【注释】①养活：生（孩子）。

【简析】“下”与“吓”谐音。用于说令人害怕。

☆ 养活孩子唱大戏——逞能耐[1]。

【注释】①逞能耐（chěngnéngnai）：显示本事（有贬义）。

【简析】用于讥讽某人争强好胜，好显摆自己有能力、有本事。

☆ 养奶牛的——能挤。

【简析】用于讥讽某人在人多的地方拼命向前或向里面拥挤。

★ 腰里掖冲[1]牌——谁来跟谁来。

【注释】①冲（chòng）：纸牌的量词。

【简析】用于说见谁跟谁吵架或女人随意跟人鬼混胡搞。

★ 窑姐儿[1]肚子——尿包。

【注释】①窑姐儿：妓院的妓女。

【简析】用于说某人非常懦弱或是非常懦弱的人（用于男人，特别是男青年）。

★ 药王爷[1]的嘴巴——吃尽了苦头儿。

【注释】①药王爷：中医的祖师爷，一般认为是神农氏。

【简析】传说，神农氏为了给人们治病寻找药材，踏遍崇山峻岭，遍尝百草。此歇后语用于说一个人经受的苦难极多。

★ 要饭的[1]打狗——穷横。

【注释】①要饭的：乞丐。

【简析】同“花子打狗”。

★ 鹞儿胡同的队伍——侦缉。

【简析】旧时，北京鹞儿胡同住侦缉队。“侦缉”与“真急”谐音。用于说真着急或真紧急。

★ 夜猫子进宅[①]——没事不来。

【注释】①宅：宅院。

【简析】用于说某人到来必然没有好事。

★ 一百斤面做个大寿桃——废物点心。

【简析】用于指斥某人为无用的人。

★ 一个猫俩脑袋——二虎。

【简析】“二虎（èrhǔ）”谐音“二乎（èrhu）”。此歇后语用于说对别人的主意或说法不大相信，犯犹豫。

★ 一根绳儿拴俩蚂蚱——谁也跑不了。

【简析】用于说事情如果出现问题或败露，两人谁也脱不了干系。

★ 一锅炖五十斤牛肉——味儿太浓了。

★ 一张纸画个鼻子——好大的脸！

【简析】用于讥讽某人脸皮厚。

★ 一支筷子吃藕片儿——挑眼儿了。

【简析】一支筷子不能夹，只能挑（tiǎo）藕片儿的眼儿。“挑眼儿（tiǎoyǎnr）”谐音“挑眼（tiāoyǎn）”。“挑眼”，指责亲朋礼数上的不周。

☆ 萤火虫的屁股——没多大亮儿。

【简析】用于说某人没多大本事，起不了多大作用。

☆ 雍和宫[1]里跳布扎[2]——鬼闹的。

【注释】①雍和宫：北京城目前最大、保存最完整的一座喇嘛庙，由胤禛府邸改建而成。②跳布扎：喇嘛教的一种驱鬼活动。

【简析】用于说这里出的坏事是这里的人干的（专用于说给干坏事的人听）。

☆ 袁世凯[1]造钱币——大头。

【注释】①袁世凯（1859—1916）：河南项城人。北洋军阀首领，曾任中华民国第一任大总统。后强行恢复帝制，自称中华帝国皇帝，遭到全国人民的抵制和反对，被迫取消帝制。不久，因心力交瘁抑郁而终。在他称帝之后，所发行的银元铸有他的光头像，百姓习惯上称作“袁大头”。

【简析】这里的“大头”是“冤大头”的简说。此歇后语用于说某人在某事上做冤大头。

Z

★ 枣核儿——两头儿尖。

【简析】用于说双方都很尖刻。

★ 枣木棒槌——一对。

【简析】用于说两人总是摽在一起，时时不分离（多用于两个表现不怎么好的男青年）。

★ 皂君庙的狮子——铁对儿。

【简析】皂君庙，在北京崇文门外花市东大街（今为崇文区回民小学），门外有两个铁狮子。所以有此歇后语。比喻二人关系非常好，形影不离。

★ 灶王爷①打跟斗——离板儿了。

【注释】①灶王爷：民间在锅灶上方墙上所供的神（神位下有横放一木板儿以放香炉），认为他掌管一家的祸福财气。

【简析】用于说某人说话脱离了主题或出现了不健康的内容。

☆ 灶王爷的横批[1]——一家之主。

【注释】①横批（héngpī）：对联上方与对联相配的横幅。

【简析】灶王爷对联上的横批均写“一家之主”。用于说某人是当家人或主事人。

☆ 灶王爷放屁——神气儿。

【简析】用于说某人因为顺利或成功而洋洋得意的样子。

☆ 灶王爷上天——好话多说，赖[1]话少说。

【注释】①赖：不好的。

【简析】用于告诉别人对某人或某事应该多说好话。

☆ 灶王爷伸手——拿糖。

【简析】“拿糖”，一语双关，一义为“用手拿糖瓜儿”，另一义同“拿乔”。此歇后语用于说某人对别人的请托故意推脱或表示为难，以抬高身价。

☆ 甑儿糕[1]的徒弟——一屉顶[2]一屉。

【注释】①甑儿糕（zèngrgāo）：旧时北京一种推着小车儿走街串巷随做随卖的小吃，用米粉在木模中蒸成。②顶（dīng）：接替。

【简析】用于说新旧交替连绵不断。

☆ 宅子[1]里开煤铺[2]——倒煤到家了。

【注释】①宅子：住宅。②煤铺：卖煤的店铺。

【简析】“倒煤”与“倒霉”谐音。用于说非常倒霉。

☆ 站干岸儿——不沾湿。

【简析】“湿”与“事”谐音。“不沾湿”即“不沾事”。用于指某人见到与己无关或认为对自己不利的事情往后躲。

☆ 站在后门看鼓楼——斜向。

【简析】“斜向”谐音“邪性”。用于指事情奇怪，不可思议。

☆ 张飞[1]吃豆芽儿——小菜一碟儿。

【注释】①张飞：三国时蜀国大将，以勇猛著称。据《三国演义》描写，他的眼睛又圆又大。

【简析】用于说某事对自己来说轻而易举或某人不是自己的对手。

☆ 张飞拿耗子——大眼儿瞪小眼儿。

【简析】用于说大家都在一旁观望，谁也不积极参与进去动手干。

☆ 丈八的灯台——照见人家，照不见自家。

【简析】灯台越高，灯光照得越远，灯下阴影的范围越大。

用于说某人只看到别人的缺点或问题，却看不到自己的缺点或问题。

☆ 丈二的和尚——摸不着头脑。

【简析】用于说对某事不知道是怎么回事。

☆ 正月初二回娘家——是时分儿[①]。

【注释】①时分儿（shífenr）：时候。

【简析】北京习俗，嫁出去的女子正月初二回娘家看望父母。

☆ 正月十五贴门神[①]——晚了半月了。

【注释】①门神：旧俗里过年时在门上贴的神像。民间传统认为，门神可以为主人家避邪驱鬼。

【简析】门神应该在腊月三十以前贴好，正月十五再贴正好晚贴了半个月。用于说所说的相关话语或所采取的相关措施太晚了。

☆ 蒸年糕不搁枣儿——净豆了。

【简析】蒸年糕应该既搁枣儿又搁豆儿。“豆”与“逗”同音。用于说净逗着玩儿了。

☆ 芝麻开花儿——节儿节儿高。

【简析】用于比喻一天比一天好，一年比一年好。

☆ 纸糊的车马——糊弄鬼的事。

【简析】旧俗，有人去世要请纸匠糊车马，出殡前送三时烧掉，为的是让亡魂乘车马上路。用于说所做的事敷衍搪塞，不实在。

☆ 纸糊的驴——大嗓门儿。

【简析】用于指斥某人说话声音过大。

☆ 钟楼[①]上的麻雀——早就惊吓出来了。

【注释】①钟楼：旧时城中安置报时钟的大楼，是向全城报告时辰的地方。

【简析】用于说受吓唬的次数很多，已经不怕了。

☆ 周瑜[①]打黄盖[②]——一个愿打，一个愿挨。

【注释】①周瑜：三国时吴国名将。孙权时期，曾任前部大都督。②黄盖：三国时吴国宿将。赤壁之战时，提出火攻曹军被采纳，并获得成功。

【简析】用于说虽然是吃亏的事，但是是出于心甘情愿。

☆ 周瑜要饭——穷都督。

【简析】“都督”与“嘟嘟”谐音。用于斥责某人唠叨起来没完没了。

☆ 珠市口儿的布铺——斜门儿。

【简析】珠市口的布铺曾开在街的把角儿，因此门不对正街，于是产生了此歇后语。“斜门儿”谐音“邪门儿”。用于说事情让人觉得奇怪，不可思议。

☆ 猪八戒[1]摆手儿——不次[2]猴儿[3]。

【注释】①猪八戒：明代神话小说《西游记》中的一个人物，以朴实憨厚著称。②次：差；比……差。③猴儿：孙猴儿，即《西游记》中的孙悟空，是一个有叛逆性格和顽强斗争意志且聪敏机智的形象。

【简析】“次猴”与“伺候”谐音。用于说不伺候某人。

☆ 猪八戒剃头——道道儿多。

【简析】用于说某人工于心计，主意多、办法多。

☆ 猪八戒玩儿老雕[1]——各好一路。

【注释】①老雕：一种猛禽。

【简析】用于说各有所好。

☆ 猪八戒照镜子——里外不是人儿。

【简析】用于说某人在某件事情的处理上使得当事双方都有意见，都不满意。

★ 猪鼻子插大葱——装象。

【简析】“象”与“相”谐音。用于指别人故作姿态、装模作样。

★ 竹篮儿打水——一场空。

【简析】用于说愿望全部落空。

★ 煮熟的鸭子——跑不了了。

【简析】用于说事情成功已经有了十足的把握。

★ 锥子抹油——又尖又滑。

【简析】用于说某人奸猾。

★ 桌子底下放风筝——出手不高。

【简析】用于竞技比赛时说某人技术技巧不大好，有时也用于说某人手段不大高明。

★ 走道儿捡鸡毛——凑掸子。

【简析】“掸子”与“胆子”谐音。用于说几个人在一起壮胆儿。

☆ 走道儿抠屁股——自纂。

【简析】用于说根本没有那么回事，是自己胡编的，或者说技艺没有师傅教授，完全是靠自己琢磨的。

☆ 走道儿拾了个喇叭——有吹的了。

【简析】用于讥指喜欢吹嘘的某人现在有吹嘘的资本了。

☆ 嘴上抹大灰[①]——白吃白喝。

【注释】①大灰：石灰。

☆ 醉雷公[①]——胡劈。

【注释】①雷公：神话中掌管在空中打雷的神。
【简析】"劈"与"批"谐音。用于说胡乱批评或胡乱评论。

☆ 坐飞机放炮——响儿高。

【简析】同"飞机上放炮"。

☆ 做梦娶媳妇儿——想得美。

【简析】用于讥讽某人非分地想好事或好的结果。

谜　　语

B

☆ 不大，不大，一屋子盛不下；不小，不小，一屋子盛不了。（灯光）

☆ 不点儿，不点儿，浑身净眼儿。（顶针儿）

C

☆ 长脖子，短耳头，黑布口袋背上驮，这个东西叫什么？（骆驼）

☆ 扯红旗，拉响鞭，一把芝麻撒满天；天上的火，地上的炭，河里的木砟儿泡不烂。（六句话各打一物：火烧云；雷；星星；太阳；乌鸦；鱼）

☆ 矬不囵墩儿，矬不囵墩儿，一见客人就尿尿儿。（茶壶）

【简析】“尿尿（niàosuī）”中的 suī，儿化为叶韵。

D

☆ 打[1]南来个白大姐，又没骨头又没血。（豆腐）

【注释】①打：北京方言介词。从。

☆ 打南来个墩的墩[1]，不卖别的卖大针。（刺猬）

【注释】①墩的墩：比喻短而粗的东西。

☆ 打南来个黑大汉，腰里掖[1]着两把扇，走一走，扇一扇，今儿个好热天！（乌鸦）

【注释】①掖：塞进或夹带。

☆ 打南来了一群鹅，噼扯啪扯[1]就跳河。（煮饺子）

【注释】①噼扯啪扯：拟声词。众物向水里陆续下掉的声音。

☆ **打南来了一群雁，噼里啪啦就下蛋。**（煮元宵）

☆ **打南来了一头牛，又没尾巴又没头；脖子吐黄气儿，肚子掉金豆。**（扇车）

☆ **大哥当家领济，二哥顶缸儿受气，三哥破家五鬼，四哥跳跳钻钻。**（四句话各打一物：做针线活打线儿用的粉子口袋儿；顶针儿；剪子；针）

☆ **当街①一杆枪，是②人不敢蹚③。**（蛇）

【注释】①当街：街上，街中。②是：凡是；只要是。③蹚：用腿脚踢碰。

☆ **当街一盘磨，是人不敢坐。**（水井）

☆ **叮当响，响叮当，又圆又扁又四方。**（制钱儿）

☆ **独木桥，两道沟，两边儿有水，水不流；人在桥下走，脑袋在上头。**（担水时的担子）

F

☆ **扶墙走，扶墙站，光穿衣裳，不吃饭。**（画中人物）

G

☆ 搁不正，洗不净，捆不紧，澥[①]不稀。（四句话各打一物：鞋；泥鳅；伞；酱）

【注释】①澥：加水稀释。

☆ 个儿不大，胡子拉茬，吃奶跪下，张嘴叫妈。（羊）

H

☆ 黑膝盖儿，红漆缸，漆缸里面藏蜜浆。（柿子）

☆ 红公鸡，绿尾巴，一头扎在地底下。（红萝卜）

☆ 红口袋，绿口袋，有人怕，有人爱。（辣椒）

☆ 红裤儿，绿腰儿，猜不着，是王八羔儿。（辣椒）

☆ 红门帘儿，白门槛儿，里边住着个新新罕儿[①]。（三句话各打身体的一部分：嘴唇；牙齿；舌头）

【注释】①新新罕儿："新"为"稀"的音变。指罕见的东西、新奇之物。

☆ 红砖摞[①]红砖，越摞越好看。（码放的柿子）

【注释】①摞（luò）：一层层叠码。

J

☆ 节节儿树，节节儿高，节节儿树上结花椒。（芝麻植株）

☆ 姐儿七八个，守着光棍儿过，大家一分手，衣服就扯破。（蒜头）

K

☆ 开皮箱，关皮箱，里边坐个娇姑娘。（眼睛）

☆ 空空树，空空根儿，空空树上结嘟噜儿。（蓖麻）

L

☆ 两个小伙儿一边儿高，顿顿儿吃饭就摔跤。（筷子）

M

☆ 麻屋子，红帐子，里儿住着个白胖子。（花生）

☆ 麻屋子，没缝儿，里面住着个红杏儿。（花生）

N

☆ 你大头儿也冲下，我大头儿也冲下，不信到家问你娅[①]，你娅大头儿还冲下。（鼻子）

【注释】①娅：妈。

☆ 女士卷发。（打一食品名：窝头）

P

☆ 破你个闷儿[①]，不打顿儿[②]，开黄花儿，结棒槌儿。（黄瓜）

【注释】①破闷儿：说个谜语。②打顿儿（dǎdènr）：稍作停歇。

Q

☆ 奇怪奇怪真奇怪，肠子长在肚皮外。（辘轳）

【简析】因辘轳上平时缠满辘轳绳，形似肠子在外边。

☆ 翘翘儿去，去去儿翘，站着没有坐着高。（狗）

☆ 青石板，板石青，青石板上钉银钉。（星星）

【简析】湛蓝的天空犹如青石板，星星犹如钉在上面的银钉。

☆ 青竹竿，挑大碗，下大雨，灌不满。（大青杨上的乌鸦窝）

☆ 全身都是磴，登高儿、够高儿都得用。（梯子）

S

☆ 三角儿，四方儿，滴溜儿圆，冰凉棒儿硬，热得呼儿黏。（膏药）

☆ 三块瓦，盖个庙，里儿住着个白老道[①]。（荞麦粒）

【注释】①老道：道士。

☆ 上坡儿，下坡儿，一个兔子俩窝儿。（捎马子）

☆ 上儿毛儿烘，底下水帘洞，不吃人间米，肚儿空又空。（水坑中的苇子）

☆ 石灰墙，没缝儿，里儿住着个红杏儿。（鸡蛋）

☆ 石头山，木头管，走一天，也不远。（推面用的碾子）

☆ 四两漂，四两硝，四两张嘴儿，四两躬腰。（四句各打一物：油；盐；花椒；虾）

T

☆ 天锥锥，地瓦罐，牛皮响，铁叫唤。（四句各打一物：雨；坑；鼓，钟）

☆ 头大，身长，脖子细，它到田间去学艺，杀了曹操[①]一家人，单单留下苗广义[②]。（锄头）

【注释】①曹操（155—220）：三国时期政治家、军事家、文学家，字孟德，今安徽亳县人。一生建树颇多，但民间受刘氏（刘备）为正统思想的影响，对他一直存在着贬抑。②苗广义：宋代开国皇帝赵匡胤的军师。

【简析】“曹操”谐音“草草”，指草。“苗广义”，指禾苗。

X

☆ 小脚儿娘，小脚儿娘，干完活儿，就靠墙。（楼）

☆ 小时候儿青，长大了红，脱了红绫[1]换紫绫。（桑葚儿）

【注释】①绫：一种很薄的丝织品。

☆ 小桃树儿，弯弯枝儿，上头坐着个小闺女儿。（答案失记）

Y

☆ 眼里吃，肚里饱，胯胯拉屎，怎么那么好？（石磨）

☆ 一条黑，一条白，一条轻，一条沉[1]。（打北京四条胡同名儿：煤渣胡同；棉花胡同；灯草胡同；铁狮子胡同）

【注释】①沉：（分量）重。

☆ 一个虎，一个豹，一个按着，一个跳。（铡草）

★ 一个老头儿八十八，吃干饭，拉疙瘩。（煤炉子）

★ 一个庙，两头儿翘，光拉屎，不撒尿。（鸡）

★ 一个软，一个硬，一个掰着，一个弄。（系纽扣儿）

★ 一个小锅儿，盛的不多儿，一头儿烧火，一头儿冒烟儿。（烟袋）

★ 一个小锅儿，盛水不多儿，长虫打腻[①]，喜鹊登窝儿。（灯盏儿）

【注释】①打腻：在泥水中滚动。

★ 一个小篓儿，住着五口儿。（鞋）

★ 一根棍儿，满地戳，我上南京找大哥；大哥嫌我眼儿不济[①]，我比大哥眼儿还多。（藕）

【注释】①不济：不好。

★ 一棵小树儿不高儿，上面卧着两个小黑猫儿。（茄子植株）

★ 一棵小树儿弯又弯，结了果子有八千。谁要摘了果子去，谁是活神仙。（清晨蓖麻植株叶子上的露珠）

★ 一条腿儿，满地里生；两条腿儿，叫五更；三条腿儿，佛前站；四条腿儿，倒窟窿。（四句各打一物：葱；公鸡；香炉；耗子）

☆ **油篓扣油篓，油篓里扣着个大黄狗，要吃黄狗肉，又怕咬着手。**（摊炉糕儿时用的鏊子）

☆ **有风我不动，我动就生风，要想不用我，得到**[①]**起秋风。**（扇子）

【注释】①得到（děidào）：需要到……的时候。

☆ **圆圆黄瓷瓶，肚大口儿小，打开瓷瓶看，装满红珠宝。**（石榴）

☆ **远近逍遥过，侧身涌力多，一去龙分水，无力自投河。**（打水漂儿）

☆ **远看是个牛，近看是个牛。牛，牛，没犄角。**（扇车）

Z

☆ **芝麻粒儿牙，绿豆粒儿眼，丝瓜脖子，茄把子腿。**（乌龟）

☆ **纸屋子，纸炕，养活孩子，腿儿朝上。**（马蜂）

☆ **种它没种儿，耪**[①]**它没垄儿，它爹是秃子，它妈是光顶儿**[②]**。**（蘑菇）

【注释】①耪（pǎng）：用锄头锄。②光顶儿：头上没长东西。比喻秃头。

☆ 竹皮墙，铁皮墙，墙里有个玻璃房。玻璃房，亮堂堂，里头热来外头凉。（暖水瓶）

☆ 左一层，右一层，层层里面包红绒，红绒里面包金豆，金豆里面还一层。（玉米棒子）

☆ 左一片，右一片，隔座山头不见面。（耳朵）

附　　录

1. 字谜八则

☆ 草字头，三点水儿，撅着尾巴喝凉水儿。（范）

☆ 三横一竖一拐弯儿，四个小猪儿来吃咂儿[①]。（馬［马］）

【注释】①吃咂儿：吃奶。

☆ 興（兴）字头，林字腰，林字底下大火烧。（爨）

☆ 一点儿一横长，大撇到南洋，十字对十字，日字对月亮。（廟［庙］）

☆ 一点儿一横长，梯子顶房梁，大口张着嘴，小口往里藏。（髙［高］）

☆ 一点儿一横长，一撇到南洋，南洋有个姓林的，一屁股坐在石头上。（磨）

☆ 一个大，一个小，一个跳，一个跑，一个吃人，一个吃草。（骚）

☆ 一人一口一个丁，竹林有寺无有僧，幼女怀中抱一子，二十一日酉时生。（每句打一字：何；等；好；醋）

2. 民间数学题二则

☆ 一群老头儿去赶集，半道儿碰见一堆梨；一人一个多一个，一人俩梨少俩梨。（问有几个老头儿，几个梨？ 3个老头儿，4个梨）

☆ 一溜[①]三棵树，十个马拴匀[②]喽。（答案失记）

【注释】①一溜（yīliù）：一排，一行。②匀：均匀。

注释词语索引

（括号中的阿拉伯数字为本书的页码）

A

阿斗　（81）
艾窝窝　（1）
熬眼儿　（123）

B

八里庄儿　（3）
八仙　（4）
八仙桌　（4）
扒高　（71）
吧嗒　（79）
疤瘌眼儿　（5）
白　（26）
白瞪眼　（20）
白薯　（14）
白塔寺　（6）
百灵　（64）
摆饰　（83）
拜把子　（94）
拜天地　（20）
扳不倒儿　（6）
板凳儿　（43）
办事　（111）
半膘子　（30）
拌草　（60）
梆子　（98）
棒子　（39）
被货　（95）
哱啰儿木　（8）
本儿　（64）
蹦跶　（110）
兵马司　（8）
拨棱盖儿　（9）
脖颈子　（9）
不济　（174）
不认得　（40）

吥咚　（46）

C

财神爷　（10）
菜虎子　（100）
仓老鼠　（10）
曹操　（172）
曹营　（150）
搽粉　（117）
长　（122）
长虫　（11）
唱本儿　（108）
炒肝儿　（8）
沉　（173）
城隍庙　（13）
逞能耐　（152）
秤砣　（126）
吃咂儿　（177）
崇祯　（15）
冲　（153）
抽抽儿　（43）
抽筋儿　（21）
穿　（87）
椽子　（16）
吹鼓手　（16）
次　（161）
刺猬　（40）

D

鞑子　（18）
打　（27；31；166）
打顿儿　（171）
打幡儿　（111）
打跟头　（8）
打蹦蹦　（138）
打腻　（174）
打兔子　（83）
打掌　（19）
大伯子　（19）
大车　（88）
大观园　（81）
大灰　（163）
大拇哥　（21）
大娶　（21）
大圣　（74）
大烟　（15）
待　（78）
逮　（64）

带肚儿 （22）
担忧 （67）
当街 （167）
挡戗 （97）
当 （23）
当铺 （18）
刀剑药 （23）
到家了 （29）
道 （45）
得 （120）
得到 （175）
底子 （106）
地界儿 （40）
吊面儿 （124）
吊死鬼子 （25）
吊线 （97）
碟子 （26）
钉掌 （9）
顶 （157）
东来顺 （26）
抖搂 （89）
逗 （24）
堵 （147）
肚脐眼儿 （28）
对付 （39）
兑 （28）
墩的墩 （166）

E

恶心 （29）
二不愣 （30）
二郎神 （30）
二闸 （31）

F

幡 （28）
房儿县 （33）
坟头子 （38）
份子 （63）
粪叉子 （35）
麸子 （37）
服毒 （140）

G

嘎嘣脆 （53）
盖垫儿 （75）
干 （53）
赶猪 （54）

擀面杖（36）
杠房（36）
胳肢窝（36）
搁（13）
圪针（118）
各（4）
供（70）
勾头儿（117）
狗熊（39）
姑爷（78）
关公（42）
棺罩（3）
光顶儿（175）
鬼见愁（43）
国子监（138）
裹脚（71）

H

蛤蟆（45）
哈拉巴（46）
海子（46）
害眼（144）
韩湘子（47）
寒碜（43）
寒鸦儿（84）
鹤（17）
好歹（128）
好儿（47）
昊天塔（47）
耗子（6）
喝（97）
盒子（63）
鹤年堂（23）
黑瞎子（51）
横批（157）
横头（61）
烘笼儿（11）
猴儿（161）
后门（53）
后尾巴儿（75）
候（116）
胡同儿（54）
虎不拉（54）
护国寺（55）
花丽（8）
化缘（72）
唤头（128）
皇历（66）
黄盖（160）
黄瓜鱼（56）
黄连（151）

黄雀儿 （56）
黄鼬 （57）
会仙居 （57）
混混儿 （107）
火房子 （99）
火力 （116）
火轮船 （58）

J

鸡笼 （12）
鸡子儿 （59）
蛐蟟 （68）
蒺藜 （60）
季鸟儿 （119）
家伙 （4）
假充 （11）
假人 （40）
甲鱼 （89）
拣 （77）
捡 （20）
姜太公 （61）
耩 （61）
糨子 （92）
交民巷 （61）
嚼子 （37）
脚后跟 （100）
脚手 （109）
叫花子 （62）
叫阵 （16）
隔 （63）
褯子 （68）
金钱眼 （1）
精 （121）
景德镇 （65）
净 （68）
啾啾 （33）
就 （53）
就搭 （35）
就合 （95）
锔 （66）

K

坎肩儿 （87）
看 （48）
炕 （116）
可着 （68）
啃 （104）
口北 （68）
扣环儿 （57）

L

拉鼻儿 (58)
腊月 (69)
蜡 (143)
癞蛤蟆 (70)
揽 (38)
赖 (157)
漤 (5)
烂 (16)
捞笊 (64)
老 (72)
老白干儿 (28)
老包 (71)
老道 (172)
老雕 (161)
老鸹 (10)
老花子 (37)
老妈子 (74)
老寿星 (76)
老太太 (76)
老西儿 (78)
老丈母娘 (78)
肋腻 (135)
嘞嘞 (94)
勒 (38)
雷公 (163)
李自成 (78)
力巴儿 (79)
立正 (84)
帘子 (79)
凉白开 (80)
量 (136)
了事 (68)
料 (30; 31)
料豆子 (120)
撂 (122)
绫 (173)
领情 (105)
溜 (62)
溜边儿 (56)
刘姥姥 (81)
刘玄德 (81)
六必居 (82)
龙王 (21)
隆福寺 (55)
搂草 (83)
耧 (63)
卢沟 (14)
卢沟桥 (84)
罗锅儿 (84)
螺蛳 (31)
摞 (169)
吕洞宾 (40)

捋 （48）

M

抹布 （82）
麻饼 （104）
麻雷子 （61）
马褂儿 （87）
马路 （108）
马勺 （87）
马尾儿 （87）
码 （15）
蚂蚱 （64）
麦芒儿 （88）
毛驴儿 （93）
茅坑儿 （93）
没够 （118）
梅兰芳 （94）
梅香 （94）
煤铺 （158）
煤市 （94）
门神 （159）
门头沟 （95）
面肥 （96）
苗广义 （172）
妙峰山 （96）
明柱 （12）
磨道 （97）
母子 （57）
木棱鱼儿 （98）
木锨 （76）

N

拿 （38；39；63）
奶妈子 （99）
南西门 （100）
挠 （21）
挠钩 （35）
脑瓜顶儿 （100）
闹着玩儿 （37）
能 （4）
蔫 （1）
念珠儿 （73）
碾子 （73）
撵 （39）
娘娘 （96）
尿尿 （85）
尿憋子 （102）
拧 （71）
暖鸡坊 （103）
挪窝儿 （146）

P

盘杠子（141）
膀（58）
耪（175）
泡（38）
刨（38）
炮（34）
喷儿上（139）
噼扯啪扯（166）
平则门（105）
劈柴（94）
破闷儿（171）
铺衬（106）

Q

其（4）
齐化门（107）
旗子（131）
起哄（112）
起五更（63）
前门（109）
钱儿肉（118）
浅子（92）
劁猪毫（108）
瞧（53）
雀儿（54）
亲嘴儿（22）
清（142）
罄（56）
缺德带冒烟儿（34）
全聚德（112）

R

嚷嚷（53）
饶舌（26）
绕达（21）

S

三国（67）
砂锅居（115）
山里红（90）
上吊（117）
绱鞋（118）
捎带手儿（83）
烧酒（118）
哨（64）

潲 （85；86）
虱子 （52）
时分儿 （159）
使唤丫头 （119）
屎壳郎 （119）
是 （167）
守着 （10）
秫秸 （88）
耍 （74）
说 （50）
说媒 （26）
说祟 （90）
死挨 （45）
死乞白咧 （116）
屃 （141）
送三 （125）
尿泡 （93）
蓑衣 （104）

T

太庙 （55）
太岁 （127）
泰山 （88）
摊 （143）
潭柘寺 （127）
蹚 （167）
堂会 （62）
帑 （125）
淘井 （116）
套裤 （27）
天鹅 （71）
天桥儿 （129）
挑 （6）
跳布扎 （155）
听 （97）
莛儿 （88）
土地爷 （131）
兔儿爷 （131）
推碾子 （43）
驮 （74）

W

搲 （131）
外馆 （135）
万春亭 （135）
王八 （19）
王八盖子 （136）
王爷 （138）
辋儿 （133）
望乡台 （138）

璺 （18）
窝囊 （76）
窝铺 （32）
窝头 （139）
卧佛 （145）
五道庙儿 （139）
五道爷 （140）
五端午儿 （139）
武大郎 （140）
捂眼儿 （69）

X

西红门儿 （142）
细盐 （91）
虾米 （21）
瞎 （112）
下 （57；110）
下哨 （32）
下嘴 （40）
仙鹤 （85）
显 （4）
现 （43）
香山 （145）
小老妈儿 （147）
小铺儿 （147）
蝎虎子 （148）
血豆腐 （91）
澥 （168）
心儿里美 （3）
新新罕儿 （168）
星秤 （149）
秀才 （149）
绣针 （130）
徐庶 （150）

Y

娅 （170）
烟袋 （18）
烟卷儿 （34）
眼儿 （94）
演 （133）
羊肚儿 （91）
洋鬼子 （152）
养活 （152）
样册子 （15）
邀买 （81）
窑调 （92）
窑姐儿 （153）
药王爷 （153）
鹞子 （148）

要饭 （10）
要饭的 （153）
掖 （166）
夜壶 （4）
夜猫子 （141）
一溜 （178）
一毛不拔 （17）
一品轩 （53）
影戏人子 （128）
雍和宫 （155）
有准儿 （1）
袁世凯 （155）
匀 （178）

Z

杂面 （110）
灶火膛 （121）
灶王爷 （156）
贼 （9）
甑儿糕 （157）
扎猛子 （26）
扎药针儿 （15）
宅 （154）
宅子 （158）
张飞 （158）
掌柜的 （94）
丈母娘 （42）
账房 （25）
幛子 （63）
找补 （147）
笊篱 （14）
罩 （96）
折跟头 （54）
蜇 （124）
真人 （40）
支 （20）
钟楼 （160）
周瑜 （160）
捌 （77）
猪八戒 （161）
煮饽饽 （151）
抓青 （34）
爪儿 （122）
嘬 （30）
专 （77）
自个儿 （43）
做 （11）
揍 （98）
作死 （49）
作揖 （105）